Janine Rößiger

Nie wieder Geldsorgen

Endlich sorgenfrei dank Budgetieren mit der Umschlagmethode

- Budgetieren für Anfänger –

Für Fragen und Anregungen:

kindle-janine@web.de

1. Auflage

Janine Rößiger
c/o Block Services
Stuttgarter Str. 106
70736 Fellbach

Independently published
Coverbild: Canva
Covergestaltung mit Canva
Druck: Amazon
ISBN 9798849752631

Haftungsausschluss: Die in diesem Buch veröffentlichten Ratschläge wurden vom Verfasser sorgfältig erarbeitet und geprüft. Sie spiegeln die persönlichen Ansichten und Meinungen des Autors wider und sind rein didaktischer Natur. Eine Garantie für die Richtigkeit der Daten, Berechnungen und Aussagen in diesem Buch wird nicht gegeben. Eine Haftung für Schäden, die sich aus der Anwendung der in diesem Buch enthaltenen Informationen, Hinweise und Empfehlungen ergeben, wird nicht übernommen.

Dieses Buch enthält Links zu externen Webseiten Dritter, auf deren Inhalt wir keinen Einfluss haben. Deshalb können wir für diese fremden Inhalte auch keine Gewähr übernehmen. Für die Inhalte der verlinkten Seiten ist stets der jeweilige Betreiber der Seiten verantwortlich.

Inhalt

Einleitung

Hallo, ich bin Janine, die Autorin dieses Buches. Ich freue mich, dass du dieses Buch gekauft hast und verspreche dir, dass es für dich bares Geld wert sein wird. Ich habe dank Budgetieren einen gut gefüllten Notgroschen und kann jeden Monat für mich und meine Kinder sparen und investieren.

Möchtest du ein Leben ohne Geldsorgen führen und deine Finanzen im Griff haben?

Das geht. Es ist nicht schwer, wenn man weiß, wie es funktioniert. Ich werde dir alles genau erklären. Wir gehen die Umschlagmethode Schritt für Schritt gemeinsam durch. Zusätzlich bekommst du meine besten Spartipps, mit denen du deine Ausgaben senken kannst.

Warum hast du dich für dieses Buch entschieden?

Ist am Ende des Geldes immer noch so viel Monat übrig? Macht dir die Höhe der Inflation Angst? Hast du nie Geld übrig, wenn ungeplante Rechnungen eintreffen? Möchtest du endlich auch mal Geld zur Seite legen können?

Hast du Kinder und möchtest unbedingt für sie vorsorgen, weißt aber nicht, woher du das Geld dafür nehmen sollst? Oder möchtest du einfach das Meiste aus deinem Geld rausholen? Dir auch mal etwas gönnen können?

Bekommst du beim Anblick deiner Rentenprognose graue Haare? Dir ist klar, dass du dringend selbst fürs Alter vorsorgen musst, aber du weißt nicht, wo das Geld dafür herkommen soll?

Ist der Dispo dein Freund, aber dich ärgern die Zinsen, die du dafür zahlen musst? Hast du das Gefühl, den Überblick über deine Finanzen verloren zu haben?

Dann ist dieses Buch für dich!

In diesem Buch erfährst du, wie du durch Budgetieren mit der Umschlagmethode deine Geldprobleme lösen kannst. Wie du es schaffst, mit wenig Aufwand mit deinem Geld gut auszukommen und endlich genug zur Seite legen kannst.

Warum schreibe ausgerechnet ich ein Buch übers Budgetieren? Das Budgetieren mit der Umschlagmethode hat mich durch Studium, ersten Job, berufliche Neuorientierung, Weiterbildungen, Umzüge, weitere Jobs bis hin zur Familiengründung begleitet und sicher durchgebracht. Ich budgetiere schon seit über 10 Jahren und habe sehr viel Erfahrung mit der Methode. Und ich lebe frugalistisch, versuche also durch

Sparen mit Köpfchen so viel Lebensqualität wie möglich aus meinem Einkommen rauszukitzeln.

Wie sah mein Start aus? Ich habe mit dem Budgetieren mit der Umschlagmethode während meines Studiums angefangen. Das erste Mal eine eigene Wohnung, Eigenverantwortung – auch finanziell. In einem typischen Monat hatte ich 400 € zur Verfügung. Ich habe mir mein Geld genau eingeteilt, nur noch bar bezahlt und versucht jeden Monat etwas zurückzulegen.

Ich wollte mir unbedingt einen Notgroschen aufbauen. Damals war die Lage am Arbeitsmarkt gerade schwierig und ich hatte Angst, ohne Job und ohne Anspruch auf Arbeitslosengeld dazustehen. Darauf wollte ich vorbereitet sein. Ich wollte unabhängig und frei sein und nirgendwo um Geld betteln müssen. Dank Budgetieren habe ich mein Ziel erreicht. Zum Ende meines Studiums hätte ich bei sehr sparsamer Lebensführung ein Jahr lang von meinem Notgroschen leben können.

Nach dem Studium habe ich einen guten Job gefunden. Am Anfang glichen meine Ausgaben weiterhin denen eines Studierenden. Doch nach und nach habe ich mir mehr gegönnt, mehr gekauft und auch mal über die Stränge geschlagen. Doch budgetiert habe ich weiterhin. Zugegeben – lockerer als zuvor.

Mittlerweile habe ich zwei kleine Kinder und meine Ausgaben sind durch die Familiengründung deutlich gestiegen. Trotzdem möchte ich Teilzeit arbeiten und viel Zeit für meine Kinder haben. Auch hier hilft mir das Budgetieren dabei, meine Ziele zu erreichen. Nachts kann ich ruhig schlafen, weil ich weiß, dass auch unerwartete Rechnungen oder eine Kündigung uns finanziell nicht aus der Bahn werfen.

Früher habe ich nur für mich budgetiert. Seit wir Nachwuchs haben, erstelle ich ein Familienbudget für uns vier. Egal, ob du für dich allein oder für mehrere Personen budgetierst - die Methode ist super flexibel und kann so angepasst werden, dass sie zu dir und deinem Leben passt.

Budgetieren eignet sich für dich, wenn du mehr aus deinem Geld machen möchtest und dir finanzielle Sicherheit wünschst. Egal, wie hoch dein Einkommen momentan ist.

Übrigens funktioniert das Ganze sowohl mit Bargeld als auch ohne, falls du lieber mit EC-Karte zahlen möchtest. Aber dazu später mehr.

Alles, was du am Anfang brauchst, ist etwas Zeit, um die Methode für dich einzurichten und dein erstes Budget aufzustellen. Eine hervorragende Investition! Wenn du dafür einen Stundenlohn ausrechnen würdest, läge der wahrscheinlich über dem deines Jobs. Denn das Budgetieren mit der Umschlagmethode kann dir richtig viel Geld sparen!

Bist du bereit? Dann lass uns gemeinsam loslegen.

Durch dieses Buch wird dich Jule begleiten. Jule ist 26 Jahre und startet ganz neu mit der Umschlagmethode. Wir begleiten Jule auf ihrer Budget-Reise. Anhand von Jules Erfahrungen wirst du sehen, wie die einzelnen Schritte praktisch umgesetzt werden. Am Schluss dieses Buches findest du Jules Budget zu einer Fallstudie zusammengefasst.

Kapitel 1 Dein Start mit der Umschlagmethode

1.1 Zero-Based-Budgeting und die Umschlagmethode

Beim Zero-Based-Budgeting hat jeder Euro, den du einnimmst, eine Aufgabe. Er wird entweder ausgegeben, gespart oder investiert. Du überlässt nichts dem Zufall, weil du alles aus deinen Einnahmen rausholen willst oder musst. Du wartest nicht bis zum Monatsende, um zu sehen, ob etwas für deine Sparziele übrig bleibt. Stattdessen bezahlst du dich selbst zuerst, indem du deine Sparziele fest in deinem Budget einplanst. Deine Sparziele sind genauso wichtig wie deine geplanten Ausgaben.

Die Umschlagmethode ist eine Variante des Budgetierens, bei der du dir das Geld in Umschläge einteilst, um deine Ausgaben zu managen. Die Umschlagmethode macht für dich sichtbar, wie du dein Geld ausgibst. Bei jedem Kauf bekommst du Feedback. Jedes Feedback gibt dir ein Stück Kontrolle über deine Finanzen zurück. Dadurch fällt es dir leichter, dich beim Shoppen zurückzuhalten. Du hast deine Ausgaben im Griff und Geldsorgen gehören bald der Vergangenheit an.

Das Ganze wird typischerweise mit Bargeld durchgeführt, aber es geht auch ohne. Die meisten Menschen wählen eine Mischung. Sie sparen das Geld für ihre großen Sparziele auf der Bank an. Im Alltag geben sie überwiegend Bargeld aus, statt mit Karte zu zahlen. Aber dazu später mehr.

Die Kombination aus Zero-Based-Budgeting und der Umschlagmethode ist unschlagbar. Zero-Based-Budgeting sorgt dafür, dass Sparen und Investieren genauso viel Gewicht bekommen wie deine Ausgaben. Die Umschlagmethode hilft dir dabei, letztere zu managen. Du wirst nur noch so viel ausgeben, wie du dir leisten kannst und möchtest. Unerwartete Rechnungen können dich nicht mehr aus der Bahn werfen.

1.2 Was brauchst du, um starten zu können?

Du kannst sofort mit der Umschlagmethode beginnen. Denn gerade am Anfang braucht es nicht viel. Wahrscheinlich hast du schon alles daheim.

Es genügen

- ein Stift
- ein Notizblock
- ein Taschenrechner (der Taschenrechner auf deinem Smartphone reicht aus)
- einfache Briefumschläge.

Was du gerade zu Beginn nicht brauchst, sind unnötige Kosten. Amazon, Etsy & Co. sind voll von Budgetbindern und tollem Zubehör, das schick aussieht. Aber du solltest dir am Anfang diese Accessoires noch nicht kaufen. Du willst doch sparen, oder?

Was du also am Anfang NICHT benötigst, sind

- ein oder mehrere Budgetbinder
- aufwendig gestaltete Umschläge für das Bargeld
- das Zubehör dazu (Bargeldtracker, Trennblätter, Beschriftungen usw.).

Wenn du nach einem Probemonat merkst, dass du mit dem Budgetieren gut zu Recht kommst und die Umschlagmethode an dich und dein Leben angepasst hast, weißt du auch genau, was du benötigst. Das kannst du dir dann zum Beispiel zum Geburtstag oder zu Weihnachten wünschen. Win-Win.

Was du auch nicht brauchst, ist Spaß an Mathe. Ein Faible für Zahlen hilft, Talent für Mathematik ist nicht nötig. Das Rechnen übernimmt der Taschenrechner für dich. Und ich erkläre dir alles Schritt für Schritt.

Nachdem wir das geklärt haben, kann es direkt losgehen.

1.3 Wo bleibt dein Geld momentan?

Um ein Budget aufstellen zu können, das auch funktioniert, musst du zuerst herausfinden, wofür du dein Geld ausgibst.

Hier hast du zwei Möglichkeiten.

Variante 1:

Du sammelst einen Monat lang alle Kassenbons. Erhältst du keinen Kassenbon, notierst du dir die Ausgabe sofort in deinem Smartphone.

Variante 2:

Du installierst eine Haushaltsbuch-App auf deinem Smartphone und erfasst nach jedem Einkauf die Ausgaben in der App. Geeignete Apps sind zum Beispiel Money Manager (je eine Version für Android bzw. iPhone/ iPad) oder BlueCoins (Android).

Es gibt hier kein richtig oder falsch. Wähle die Variante, die dir besser gefällt. Wichtig ist, dass du sie durchziehst.

Stell dir vor, du möchtest deine Ernährung verbessern, um abzunehmen. Der erste Schritt ist immer rauszufinden, was und wie viel du isst. So ist es auch mit deinen Ausgaben. Finde zuerst heraus, wo dein Geld hinfließt.

Sei ehrlich zu dir selbst. Keine Ausgabe ist "falsch". Bewerte dein Kaufverhalten an dieser Stelle nicht. Es geht nur darum, den Ist-Zustand festzustellen. No shame, no blame.

Während der vier Wochen, in denen du deine Ausgaben genau verfolgst, hast du noch eine zweite Aufgabe. Nimm dir die Kontoauszüge der letzten 12 Monate zur Hand. Vielleicht musst du sie zuerst aus deinem Postfach im Onlinebanking herunterladen und ausdrucken. Du brauchst die Auszüge deiner Girokonten, deiner Kreditkarten und (falls vorhanden) deines Paypal-Kontos.

Jetzt markierst du alle Ausgaben, die jeden Monat wiederkehren mit einem Textmarker (z. B. in Gelb).

Das könnten sein:

- Miete oder Kreditrate an die Bank
- Strom
- Handyvertrag
- Fitnessstudio
- Streaming/ Abos (z. B. Netflix, Amazon Prime)
- Kita-Gebühr
- Kreditrate fürs Auto
- Ratenzahlungen
- Kontoführungsgebühren
- usw.

Schreib dir alle Zahlungen auf und notiere dir, wann sie anfallen und wie viel du bezahlen musst.

Beispiel:

Jule hat sich die Kontoauszüge von Juni 2021 bis Mai 2022 bereitgelegt. Zuerst hat sie alle monatlich wiederkehrenden Abbuchungen bzw. Überweisungen gelb markiert. Geordnet nach Datum sieht ihre Liste der monatlichen Ausgaben so aus:

01. Miete 600 €
01. Strom 40 €
03. Spenden 20 €
15. Handyvertrag 20 €
30. Festnetz + Internet 40 €

Mit einem zweiten Textmarker (z. B. in Rot) streichst du alle Ausgaben an, die nicht monatlich sondern seltener gezahlt werden - aller zwei Monate, quartalsweise, halbjährlich oder jährlich.

Das könnten sein:

- Grundsteuer
- Rundfunkbeitrag
- Kfz-Steuer
- Versicherungen
- Pacht für Garten

- Mitgliedsbeitrag für Sportverein
- usw.

Schreib dir auch hier alle Zahlungen auf und notiere, wann sie anfallen und wie viel du bezahlen musst.

Am Beispiel von Jule sieht das so aus:

01.04. Haftpflichtversicherung 100 €
01.03./ 01.09. Sportverein je 30 €
01.10. Berufsunfähigkeitsversicherung 480 €
15.01./ 15.04./ 15.07./ 15.10. Rundfunkbeitrag je 55 €

Arbeite sehr sorgfältig und stelle sicher, dass du keine Zahlung vergessen hast. Schau dir dazu auch die Kontoauszüge an, die vor dem 12-Monats-Zeitraum liegen und zusätzlich noch die aktuellsten. Vielleicht entdeckst du Zahlungen, die zu spät überwiesen oder abgebucht wurden – bspw. weil das Konto überzogen war. Überlege, ob dir noch Verträge einfallen, die du abgeschlossen hast. Ergänze diese auf deiner Liste.

Gratulation! Du bist schon weiter als viele deiner Freunde, Nachbarn und Kollegen. Denn du hast jetzt einen ersten Überblick über deine Finanzen.

40 % der Arbeit für das Aufstellen deines Budgets hast du schon erledigt!

Was wir mit den ganzen Zahlen anstellen, erfährst du in den nächsten Kapiteln.

Kapitel 2 Wie hoch sind deine Einnahmen?

2.1 Mit welchen Einnahmen kannst du planen?

Jetzt ermittelst du, wie hoch deine regelmäßigen Einnahmen pro Monat sind. Nimm dir deine Kontoauszüge zur Hand, suche die Geldeingänge heraus und markiere sie mit einem Textmarker (z. B. in Grün).

Das könnten sein:

- Lohn/ Gehalt
- Rente
- Kindergeld
- Wohngeld/ Familienzuschlag
- usw.

Was tun, wenn dein Einkommen schwankt?

Das kann der Fall sein, wenn du zum Beispiel Folgendes erhältst:

- Schichtzuschläge (Nacht-, Sonntag-, Feiertagszuschlag o. a.)
- Überstundenzuschläge
- Trinkgeld
- Urlaubsgeld

- Weihnachtsgeld
- erfolgsabhängige Provision
- Bonus/ Boni.

Oder deine Einnahmen schwanken, weil du selbstständig bist (siehe Kapitel 2.3).

Das Ziel ist, ein Budget aufzustellen, das tatsächlich funktioniert. Deswegen empfehle ich dir, beim Einkommen im Zweifel abzurunden und bei den Ausgaben aufzurunden.

Warum? Du solltest nur die Einnahmen bei der Budgetierung mit der Umschlagmethode berücksichtigen, die du sicher erhältst. Denn du verplanst jeden Euro deines Einkommens. Jeder Euro hat eine Aufgabe. Diese Aufgabe kann er nicht wahrnehmen, wenn du ihn nicht bekommst.

Wenn dein Einkommen von Monat zu Monat schwankt, ziehst du den Betrag für die Budgetierung heran, den du auf jeden Fall erhältst

Bei Jule sieht das so aus:

Jules Grundgehalt beträgt 1.800 € netto. Mit allen Zuschlägen kommt sie in guten Monaten auf 2.200 €, meist sind es 2.000 €, im August mit Urlaubsgeld und im November mit Weihnachtsgeld sind es jeweils 2.500 €.

Meine Empfehlung in diesem Fall lautet, die Gehaltsabrechnungen der letzten 12 Monate anzuschauen. Gab es mehr als einen Monat ohne Zuschläge? Wenn ja, sollte Jule mit 1.800 € Einkommen rechnen. Ansonsten würde ich 2.000 € zu Grunde legen. Die Sonderzahlungen fließen in die Spartöpfe (Sinking Funds 2). Dazu später mehr in Kapitel 6.

Jule legt ihrer Budget-Planung Einnahmen in Höhe von 2.000 € zu Grunde.

Nimm nun deinen Taschenrechner und addiere deine Einnahmen auf.

Summe deiner sicheren Einnahmen:

2.2 Trinkgelder und andere Zusatzeinnahmen

Was tun mit Trinkgeldern?

Auch hier gilt, dass du nur Einnahmen verplanen solltest, mit denen du sicher rechnen kannst. Sonst fehlt dir am Ende das Geld für notwendige Ausgaben. Das muss vermieden werden.

Wenn Trinkgeld nur einen kleinen Teil deiner Einnahmen ausmacht, würde ich damit die Spartöpfe füllen (Sinking Funds 2, siehe Kapitel 6). Macht das Trinkgeld einen großen Anteil deines Einkommens aus, solltest du nur mit dem Trinkgeld rechnen, was du mit hoher Wahrscheinlichkeit mindestens bekommst. Ist das tatsächliche Trinkgeld höher, stockst du damit dein Budget im Folgemonat auf oder befüllst die Sinking Funds 2.

Was ist mit Zusatzeinnahmen?

Mögliche Quellen können sein:

- Verkäufe über eBay oder andere Plattformen
- ein Nebenjob
- Geldgeschenke
- Teilnahme an bezahlten Umfragen
- alle Zahlungen, die du bislang nicht berücksichtigt hast (z. B. Weihnachtsgeld, Boni).

Diese unregelmäßigen Einnahmen, die von Monat zu Monat in ihrer Höhe schwanken, kannst du direkt in die Spartöpfe (Sinking Funds 2) packen (siehe Kapitel 6). Du solltest sie nicht zur Deckung deiner festen Ausgaben heranziehen, da du nicht sicher sein kannst, ob und in welcher Höhe du sie bekommst.

Beispiel:

Jule sortiert regelmäßig zu Hause aus und verkauft Kleidung, Schuhe und Bücher über Momox. In manchen Monaten verkauft sie nichts, in anderen Monaten hat sie stark schwankende Einnahmen aus den Verkäufen. Jule plant das Geld aus den Verkäufen nicht fest ein. Wenn sie welches erhält, wandert das direkt in ihren Spartopf für Urlaub. Das motiviert!

2.3 Was tun als Selbstständiger?

Wie kannst du vorgehen, wenn du selbstständig bist?

Ich empfehle dir, mit dem Betrag zu rechnen, den du mit hoher Wahrscheinlichkeit jeden Monat tatsächlich entnehmen bzw. dir als Gehalt auszahlen kannst. Da jeder Euro deiner (privaten) Einnahmen eine Aufgabe in deinem Budget bekommt, musst du sicherstellen, dass dir die verplanten Euros auch tatsächlich zur Verfügung stehen. Sonst kannst du womöglich in manchen Monaten einen Teil deiner privaten Ausgaben nicht decken.

Beachte bitte, dass du nur deinen Nettogewinn verplanen kannst. Von deinen Bruttoeinnahmen ziehst du alle Ausgaben für deine unternehmerische Tätigkeit ab. Denke auch daran ggf. die Umsatzsteuer herauszurechnen und beiseitezulegen. Außerdem musst du unbedingt eine Rücklage für die Einkommen- und evtl. Gewerbesteuer bilden und an die Kosten für Krankenversicherung & Co. denken. Für die Steuern und Sozialversicherungen bildest du Spartöpfe (Sinking Funds). Dazu mehr in den Kapiteln 3 und 6.

Berücksichtige nur den Gewinn, den du tatsächlich für deine private Lebensführung ausgeben kannst.

Ist der tatsächliche Nettogewinn laut Gewinnermittlung am Ende höher, kannst du damit das Budget der Folgemonate aufstocken oder deine Spartöpfe auffüllen (Sinking Funds 2, siehe Kapitel 6).

Kapitel 3 Fixkosten und Sinking Funds 1

3. 1 Deine Fixkosten

Jetzt benötigst du die Übersicht mit den monatlichen Zahlungen (Miete, Strom etc.), die du anhand deiner Kontoauszüge erstellt hast (siehe Kapitel 1.3). Rechne diese zu einer Summe zusammen.

Das Geld für die Fixkosten belässt du jeden Monat auf deinem Girokonto, da die fixen Ausgaben entweder abgebucht oder von dir überwiesen werden.

Jule hat Fixkosten in Höhe von insgesamt 720 € ermittelt (vgl. Kapitel 1.3).

3. 2. Sinking Funds 1 - Wofür du sie brauchst und wie du sie berechnest

Als nächstes schaust du dir die zweite Liste mit den Zahlungen an, die mindestens einmal im Jahr, aber nicht jeden Monat anfallen (Versicherungen, Rundfunkgebühr, Kfz-Steuer usw.).

Dafür musst du jeden Monat Geld zurücklegen, damit du bei Fälligkeit den Geldbetrag parat hast. Wenn du dich nicht vorbereitest, rutschst du womöglich bei jeder Abbuchung in den Dispo und zahlst unnötig Zinsen.

Diese Spartöpfe nennt man Sinking Funds 1. Du sparst für fixe Ausgaben, die definitiv anfallen werden. Du kennst den Zeitpunkt der Fälligkeit und weißt genau, wie viel du bezahlen musst.

Jetzt berechnest du, wie viel du jeden Monat zurücklegen musst. Teile dafür den zu zahlenden Betrag durch die Anzahl der Monate bis zur Fälligkeit.

Ein Beispiel:

Du beginnst am 1. August mit dem Budgetieren. Am 1. Januar ist jedes Jahr die Kfz-Versicherung fällig. 600 € werden abgebucht.

Am 1. August bleiben 5 Monate bis zur Fälligkeit (August - Dezember).

600 € : 5 = 120 €

Von August bis Dezember sparst du jeden Monat 120 € für die Kfz-Versicherung an.

Am 1. Januar ist der Spartopf auf Null. Du hast 12 Monate Zeit bis zur nächsten Fälligkeit.

600 € : 12 = 50 €

Ab Januar sparst du jeden Monat 50 € für die Kfz-Versicherung an.

2. Beispiel:

Der Rundfunkbeitrag in Höhe von 55,08 € ist vierteljährlich fällig.

55,08 € : 3 = 18,36 €

Du sparst monatlich 18,36 € für den Rundfunkbeitrag an.

Hast du zum Beginn des Budgetierens nur zwei Monate Zeit, legst du die ersten zwei Monate je 27,54 € zurück.

Diese Berechnung führst du für alle Posten auf deiner Liste durch.

Bei Jule sieht das Ganze so aus:

01.04. Haftpflichtversicherung 100 €
01.03./ 01.09. Sportverein je 30 €

01.02. Berufsunfähigkeitsversicherung 480 €
15.01./ 15.04./ 15.07./ 15.10. Rundfunkbeitrag je 55 €

Jule beginnt am 1. Juni mit dem Budgetieren.

Haftpflicht 100 € : 10 Monate = 10 € pro Monat

Sportverein 30 € : 3 Monate = 10 € pro Monat

Berufsunfähigkeit 480 € : 8 Monate = 60 € pro Monat

Rundfunkbeitrag 55 € : 2 Monate = 28 € (gerundet) pro Monat

Die Summe von Jules Sparbeträgen für die Sinking Funds 1 beträgt 108 €.

Ermittle jetzt deine Gesamtsumme.

Summe der Sparbeträge für Sinking Funds 1:

Glückwunsch! 50 % der Arbeit auf dem Weg zu deinem ersten Budget mit der Umschlagmethode liegt schon hinter dir.

3. 3. Sinking Funds 1 - Bargeld oder Sparkonto?

Zum Ansparen der Sinking Funds 1 gibt es mehrere Varianten. Such dir diejenige aus, die für dich praktikabel ist und mit der du dich wohl fühlst.

Variante 1: Du sparst die Sinking Funds 1 mit Bargeld zu Hause an. Die monatlichen Sparbeträge packst du in Umschläge (je ein Umschlag für die Kfz-Versicherung, die Rundfunkgebühren etc.). Ein paar Tage vor Fälligkeit zahlst du das Geld auf dein Girokonto ein.

Vorteile:

- Du siehst, wie sich die Umschläge füllen und bist motiviert.

- Du hast genau im Blick, wie viel du schon zusammen hast.

Nachteile:

- Wenn du vergisst, das Geld rechtzeitig auf dein Konto einzuzahlen, wird dein Girokonto bei Abbuchung oder Überweisung vielleicht ins Minus rutschen und du zahlst Zinsen.

- Es fallen möglicherweise Bankgebühren für die Bareinzahlung auf das Konto an.

- Je nach Umfang deiner Sinking Funds 1 lagerst du ziemlich viel Bargeld zu Hause.

- Die Menge an Bargeld verleitet dich vielleicht dazu es auszugeben - oder deinen Partner oder deine Kinder.

Variante 2: Du richtest einen Dauerauftrag ein und überweist die Sparbeträge jeden Monat automatisch vom Girokonto auf ein Sparkonto. Bei Fälligkeit buchst du den benötigten Betrag auf dein Girokonto um. Richte dir eine Erinnerung in deinem Smartphone für die Umbuchung ein, damit du es nicht vergisst. Beachte dabei die Bankarbeitstage.

Vorteile:

- Kein Bargeld zu Hause.

- Keine Gebühren für die Bareinzahlung.

Nachteile:

- Wenn du bei deiner Bank nicht die Möglichkeit hast, mehrere Sparkonten einzurichten, musst du alle Sinking Funds 1 auf ein Sparkonto packen.

- In diesem Fall benötigst du zusätzlich eine Übersicht, die du erstellen und pflegen musst, um den Überblick zu behalten, wie viel du für welchen Zweck bereits angespart hast.

- Es können Bankgebühren anfallen (bitte prüfe das, auch wenn es zumindest bei Direktbanken eher die Ausnahme sein dürfte).

Weitere Alternativen:

Du lässt das Geld für die Sinking Funds 1 auf deinem Girokonto. Dann musst du die Disziplin aufbringen, es nicht auszugeben. Außerdem siehst du nicht mehr auf einen Blick, wie viel Geld du für den Rest des Monats noch auf dem Konto hast.

Oder du lässt auf deinem Girokonto einen Puffer von bspw. 1.000 € (d. h. vor dem nächsten Geldeingang ist dein Konto nicht auf 0 € sondern bei 1.000 €) und sparst die Sinking Funds 1 bar oder auf einem Sparkonto an. Wird nun die Kfz-Versicherung fällig und 600 € abgebucht, rutscht dein Konto dank Puffer nicht ins Minus. Du hast keinen Stress und kannst die Einzahlung oder Umbuchung der 600 € auch nach der Abbuchung erledigen. Näheres zum Ansparen des Puffers erfährst du in Kapitel 6.

Probier eine der dargestellten Varianten aus. Wenn du merkst, es funktioniert nicht optimal, wählst du eine der anderen Möglichkeiten, bis du die Methode gefunden hast, die für dich passt.

Kapitel 4 Variable Kosten

Nun kommen die Umschläge zum Einsatz, denen die Umschlagmethode ihren Namen verdankt. Du erfährst alles Notwendige, damit du deine variablen Kosten in den Griff bekommst. Let's go.

4.1 Kategorien für die variablen Kosten bilden

Schnapp dir die Kassenzettel, die du vier Wochen lang gesammelt hast, bzw. die Infos aus der App. Jetzt schaust du dir alle Ausgaben an und ordnest sie Kategorien zu. Das geht ganz einfach.

Mit Stift und Papier bewaffnet, listest du alle Ausgaben mit Betrag und Angabe, was du gekauft hast, untereinander auf (pro Ausgabe eine Zeile). Oder ruf die Liste in der App auf.

Ein Beispiel:

02.08. Aldi Lebensmittel 78,24 €
06.08. DM Hygiene & Putzmittel 32,80 €
usw.

Hast du in einem Geschäft grundverschiedene Produkte eingekauft, splittest du den Gesamtbetrag auf.

Beispiel:

Jule hat am Freitag im DM Drogerieartikel, Tierfutter und Lebensmittel für insgesamt 45 € gekauft. Diesen Betrag teilt sie auf in

10 € Lebensmittel
15 € Tierfutter
20 € Drogerie.

Du siehst, dass sich deine Ausgaben zu Gruppen zusammenfassen lassen (Lebensmittel, Drogerie usw.). Im Anhang findest du ein ABC der variablen Budgetkategorien mit Kategorien, die häufig verwendet werden. Sieh diese Kategorien als Anregung, um die für dich passenden zu finden.

Schnapp dir farbige Textmarker. Jede Kategorie bekommt eine Farbe. Markiere alle Ausgaben der jeweiligen Gruppe mit der zugehörigen Farbe. In der App ordnest du jede Ausgabe einer von dir angelegten Kategorie zu.

Im Anschluss addierst du alle Ausgaben der jeweiligen Kategorie und schreibst dir die Gesamtsumme auf. Jetzt hast du einen ersten Anhaltspunkt dafür, welches Budget für den nächsten Monat realistisch ist.

Schau dir nun die Kategorien an, bei denen es weh tut. Macht es Sinn, sie noch genauer aufzuteilen? Unproblematische Kategorien hingegen kannst du zusammenfassen, damit es nicht zu viele werden. 6 bis 10 Kategorien reichen völlig aus. Sonst verlierst du schnell den Überblick und verzettelst dich.

Beispiel:
Jule hat ihre Ausgaben des letzten Monats gruppiert und zusammengerechnet. Das ist das Ergebnis:

Essen 350 €
Haustier 50 €
Shoppen 250 €
Drogerie 50 €
Gesundheit 20 €
Beauty 30 €
Freizeit/ Hobby 70 €
Sonstiges 40 €
Summe 860 €

Jules Kategorien, bei denen es weh tut, sind Essen und Shoppen. Diese beiden schaut sie sich noch einmal genauer an.

Essen besteht aus

Betriebskantine 80 €
Essen außer Haus/ Essen bestellen 150 €
Lebensmitteleinkäufe 120 €.

Shoppen kann unterteilt werden in
Kleidung & Schuhe 150 €
Onlinebestellungen 100 € (Deko, Bücher uvm.).

Die anderen Kategorien sind für Jule unproblematisch. Beauty, Gesundheit & Drogerie fasst sie zusammen.

Jule verwendet nun folgende neun Kategorien:

Lebensmitteleinkäufe
Betriebskantine
Essen bestellen/ gehen
Haustier
Kleidung & Schuhe
Onlineshopping
Beauty, Health & Drogerie
Freizeit/ Hobby
Sonstiges.

4.2 Sinnvolle Budgets für jede Kategorie festlegen

Jetzt legst du fest, wie viel Geld du nächsten Monat in den einzelnen Kategorien zur Verfügung haben wirst. Grundsätzlich ist es eine gute Idee, sich an der Höhe der Ausgaben der Vormonate zu orientieren. Im Zweifel kannst du den Wert als Budget ansetzen, den du im letzten Monat ausgegeben hast.

Dadurch erzielst du noch keine Einsparung. Aber bevor du deine Ausgaben reduzieren kannst, ist der erste Schritt, die Kontrolle darüber zurückzubekommen. Wenn das gut funktioniert, kannst du damit beginnen, deine Budgets zu senken.

Was tun, wenn du dennoch von Anfang an in einer Kategorie deine Ausgaben reduzieren möchtest oder musst? Bleib realistisch! Nimm dir nicht zu viel auf einmal vor. Konzentriere dich erst einmal auf deine "Brennpunkte".

Beispiel:

Werfen wir nochmal einen Blick auf Jules Budget. Jule möchte ihre Ausgaben für Essen langfristig deutlich senken. Ihr Ziel ist, statt 350 € nur noch 200 € auszugeben. Für den ersten Monat nimmt sie sich vor, einmal pro Woche das Mittagessen für den Folgetag am Abend vorzubereiten und auf die Arbeit mitzunehmen (Einsparpotenzial: 20 €), zweimal Essen bestellen und einmal außer Haus essen pro Monat zu streichen (Einsparpotenzial 70 €). Dafür isst sie mehr zu Hause (Mehrkosten 40 €).

Jule legt ihr Budget für Essen für den nächsten Monat also auf 300 € fest, unterteilt in

Betriebskantine 60 €
Essen außer Haus/ Essen bestellen 80 €
Lebensmittel 160 €.

Wenn das gut klappt, wird Jule im übernächsten Monat noch mehr Sparmöglichkeiten nutzen und sich nach und nach an die 200 € herantasten. Eine Hauruck-Aktion von 350 € auf 200 € würde mit hoher Wahrscheinlichkeit nicht funktionieren und Jule nur demotivieren.

Beim Thema Shoppen geht Jule ähnlich vor. Statt 250 € ist ihr Ziel, künftig nur noch 100 € pro Monat dafür auszugeben. Sie probiert die Spartipps in Kapitel 7 aus. Für den nächsten Monat peilt sie erst einmal 190 € an (120 € für Kleidung & Schuhe, 70 € für Onlinebestellungen). Sobald das kein Problem mehr darstellt, wird sie ihr Budget weiter reduzieren, bis sie ihr Ziel erreicht hat.

Weitere Spartipps für die variablen Kosten habe ich für dich in Kapitel 7 gesammelt. Probier verschiedene Möglichkeiten aus und schau, was bei dir funktioniert.

Fallen lauern bei den variablen Kosten bei unregelmäßigen Ausgaben, die du bei der Planung leicht vergessen kannst. Schnapp dir deinen Kalender oder Planer und überlege dir, was im nächsten Monat ansteht, für das du zusätzlich Geld einplanen musst.

Das könnten sein:

- Geburtstage, für die du ein Geschenke kaufen möchtest
- Ausflüge, die du geplant hast
- eine Feier/ ein Fest/ ein Grillabend o. ä., das du ausrichtest
- eine Taufe/ Kommunion o. ä., zu der du eingeladen bist
- die Schule beginnt wieder und die Kinder brauchen neue Sportsachen, Rucksäcke, Schreibzeug, Bücher
- usw.

Für diese unregelmäßigen Ausgaben, könntest du auch Sinking Funds [2] (Spartöpfe) anlegen und das Geld bei Bedarf daraus entnehmen. Dazu mehr in Kapitel 6.

Klopf dir auf die Schultern! 75 % der Arbeit sind schon erledigt!

4.3 Die Umschläge mit Bargeld füllen

Jetzt kommen wir zu dem Teil, der der Umschlagmethode ihren Namen gegeben hat. Du füllst Umschläge mit Bargeld.

Für jede Kategorie der variablen Kosten beschriftest du einen Briefumschlag (Lebensmittel, Drogerie, Kinder etc.). In jeden Umschlag füllst du so viel Bargeld wie es deinem festgelegten Budget entspricht. Wenn du in einer Kategorie einen Einkauf planst, nimmst du das Geld aus dem jeweiligen Umschlag und packst es in dein Portemonnaie oder nimmst den Umschlag mit.

Du siehst bzw. kannst nachzählen, wie viel Geld du nach jedem Einkauf noch in dem jeweiligen Umschlag übrig hast. Das gibt dir Feedback und du bekommst die Kontrolle über deine Ausgaben zurück. Das Restgeld wandert wieder in die Umschläge zurück, bis der nächste Einkauf in dieser Kategorie ansteht.

Gerade am Anfang brauchst du keinen Budgetbinder, normale Briefumschläge reichen völlig aus. Wenn du es schick gestaltet magst, such dir im Internet kostenlose Vorlagen für Umschlagdesigns aus, die dir gefallen und verwende diese.

Zusätzlich kannst du Ausgabentracker oder ein Notizbuch verwenden und dir aufschreiben, wo du einkaufen warst und wie viel du ausgegeben hast. Kostenlose Ausgabentracker findest du schnell über eine Google-Suche. Der Ausgabentracker hat den Vorteil, dass du für jede Kategorie einen führen und ihn in den jeweiligen Umschlag stecken kannst.

Anhand deines Budgets für die variablen Kosten für den jeweiligen Monat kannst du dir die benötigte Gesamtsumme ausrechnen und diesen Geldbetrag von deinem Konto abheben. Probier aus, womit du besser klar kommst: Monats- oder Wochenbudgets. Vor allem bei Lebensmitteln kann es vorteilhaft sein, sich das Geld wöchentlich einzuteilen. Über Kategorien mit vergleichsweise viel Bargeld hast du mit Wochenbudgets einen leichteren Überblick.

Beispiel:

Laras Budget für Lebensmittel für ihre vierköpfige Familie beträgt 800 € pro Monat. Für Freizeit/ Hobby sind 200 € und für die zwei Kinder insgesamt 160 € monatlich eingeplant. Statt 1.160 € am Monatsanfang hebt Lara jede Woche 290 € ab (200 € für Lebensmittel, 50 € für Freizeit/ Hobby und 40 € für die Kinder).

Dein Monat muss nicht am 1. beginnen. Wenn du immer am 15. des Monats dein Gehalt bekommst, hebst du das Geld am 15. ab. Dein

Monat geht dann einfach vom 15. des laufenden Monats bis zum 14. des Folgemonats.

Brauchst du für jede Kategorie einen Umschlag?

Nein. Es kann gerade am Anfang praktikabler sein, erst mal nur Umschläge für die Kategorien zu verwenden, bei denen du sparen willst oder musst bzw. bei denen es dir schwerfällt, auf die Ausgaben zu achten.

Bei mir war und ist das vor allem die Kategorie Lebensmittel. Viele haben mit Freizeit/ Hobby oder Shopping ähnliche Herausforderungen. Überleg dir, was deine Brennpunkte sind.

Das Geld für die übrigen Kategorien lässt du auf deinem Girokonto und zahlst entsprechende Einkäufe mit EC-Karte.

Noch ein paar Anmerkungen zum Thema Sicherheit mit Bargeld zu Hause:

- Falls du eine Hausratversicherung hast, finde heraus, wie viel Bargeld versichert ist.

- Bewahre das Bargeld an einem Ort in deiner Wohnung/ deinem Haus auf, den nur du kennst.

- Sei nicht zu gutgläubig. Wenn du Jemandem die Umschlagmethode anhand deiner Umschläge erläuterst, stelle sicher, dass diese Person nicht sieht, wo du die Umschläge aufbewahrst.

- Recherchiere zum Thema „Wo suchen Einbrecher zuerst nach Wertsachen" auf YouTube oder bei Google. Dann weißt du, wo du das Geld nicht aufbewahren solltest.

- Wenn du auf Social Media aktiv bist, achte darauf, den Aufbewahrungsort deines Bargeldes nicht in Videos preiszugeben oder ihn an anderer Stelle zu erwähnen.

4.4 Die Budgets ans Leben anpassen

Gerade bei den variablen Kosten wirst du nicht von Anfang an perfekt sein. Und das ist in Ordnung. Taste dich langsam heran. Sieh die ersten drei Monate als Probemonate.

Leg dir bei der Budgetplanung deinen (digitalen) Kalender bereit und schau, was im nächsten Monat ansteht und wofür du zusätzlich Geld einplanen musst. Sieh dir auch an, wie viel du in den letzten Monaten in den jeweiligen Kategorien ausgegeben hast. So bekommst du mit der Zeit ein immer besseres Gefühl dafür, welches Budget für dich realistisch ist.

Wenn sich dein Leben verändert, ist es auch Zeit, dein Budget anzupassen. Wenn du den Job wechselst und danach einen kürzeren oder längeren Arbeitsweg hast, brauchst du vielleicht weniger oder mehr Geld fürs Tanken oder für ein Bahnticket. Wenn du deine Ernährung umstellst oder Vegetarier wirst, verändert sich dein Budget für Lebensmittel.

Wenn du Kinder bekommst, brauchst du neue Kategorien für Babybedarf, Kleidung, Spielzeug uvm. Dafür gehen deine Ausgaben in anderen Bereichen vielleicht zurück. Seit ich Kinder habe, shoppe ich schon aus Zeitgründen viel weniger und meine Ausgaben für Kleidung &

Schuhe für mich selbst haben sich deutlich verringert.

Die Umschlagmethode fördert vor allem den bewussten Konsum. Dadurch werden sich deine Ausgaben automatisch verändern.

4.5 Geht es auch ohne Bargeld?

Die Umschlagmethode funktioniert auch ohne Bargeld. Du zahlst wie gewohnt mit EC-Cash. Auf deinem Smartphone installierst du eine Haushaltsbuch-App. Darin werden alle Ausgaben erfasst.

Wenn du keine Haushaltsbuch-App verwenden möchtest, kannst du deine Ausgaben in einem Notizbuch nach Kategorien erfassen, am besten mit Datum, Ort und Betrag (zum Beispiel 10.08. Lidl 65,23 €).

Von Zahlungen mit Kreditkarte für deine variablen Kosten rate ich dir ab. Die Abbuchung erfolgt häufig erst im Folgemonat und du verlierst leicht den Überblick.

Wenn du die Umschlagmethode bargeldlos anwenden möchtest, kann es hilfreich sein, bei deiner Bank drei bis vier (Unter-) Konten zu führen. Je eins für Fixkosten, variable Kosten und Sinking Funds 1 & 2 (Spartöpfe). Das erleichtert dir den Überblick. Finde heraus, ob deine Bank Zusatz- bzw. Unterkonten kostengünstig anbietet.

Warum ist Bargeld am Anfang vielleicht doch einen Versuch wert?

Vielen fällt es mit Bargeld leichter den Überblick zu behalten und sich beim Shoppen zurückzuhalten. Wenn du mit Karte zahlst, ist der Vorgang immer derselbe, Karte auflegen und fertig - unabhängig davon, wie viel du ausgegeben hast.

Bezahlst du mit Bargeld, bekommst du sofort Feedback zu deinen Ausgaben. Du siehst, wie viel Geld noch im Umschlag ist. Du weißt mit einem Blick, wie viel von deinem Budget für den restlichen Monat verbleibt. Der Blick in ein sich leerendes Portemonnaie kann ernüchternd sein, aber auch motivierend.

Ich empfehle dir, zumindest einen Probemonat mit Bargeld zu versuchen. Fühlst du dich mit so viel Bargeld zu Hause unwohl, dann probier Folgendes: Heb das Geld für deine größten Kategorien nicht für den ganzen Monat ab, sondern immer nur für die nächste Woche.

4.6 Bonuskapitel: Die Umschlagmethode mit Partner umsetzen

Du möchtest eure Finanzen mit der Umschlagmethode in den Griff bekommen. Du bist hochmotiviert. Doch dann kommen dir Zweifel. Du denkst:

- Mein Partner zahlt am liebsten mit Karte.
- Umschläge nimmt mein Partner garantiert nicht zum Einkaufen mit.
- Mein Partner wird mein Budget für Shopping kritisieren.
- Mein Partner kann sich das Budget sowieso nicht merken.

usw.

In den nächsten Abschnitten zeige ich dir Lösungen für die typischen Herausforderungen bei der Umsetzung der Umschlagmethode als Paar.

1. Dein Partner zahlt am liebsten mit Karte.

Wichtig ist, dass ihr den Überblick darüber behaltet, wie viel ihr in der jeweiligen Kategorie schon ausgegeben habt und was noch übrig ist.

Die einfachste Lösung ist, dass dein Partner alle Einkäufe für eine oder mehrere Kategorien übernimmt. Das Geld dafür bleibt auf dem Girokonto. Die Kassenbons bringt er mit und du erfasst sie in einer Liste (Ausgabentracker mit Datum, Ort und Betrag) oder er notiert die Ausgaben in einer Haushaltsbuch-App.

Wenn dein Partner für mehrere Kategorien einkaufen geht, schätze anhand der letzten Wochen ab, wie viel vom Budget er jeweils benötigt und lass diesen Betrag auf dem Girokonto. Damit du den Überblick behältst, trägst du auch hier die Kassenbons in einen Ausgabentracker ein oder erfasst sie in einer Haushaltsbuch-App.

Eine weitere Variante wäre, dass ihr beide die Umschlagmethode ohne Bargeld anwendet (siehe Kapitel 4.5).

Zusätzlich ist es sinnvoll, einen Puffer auf dem Girokonto zu haben. Dann rutscht das Konto nicht ins Minus, wenn dein Partner doch mehr mit Karte zahlt als ursprünglich gedacht. Wie du dir diesen Puffer ansparen kannst, besprechen wir in Kapitel 6.

2. Dein Partner zahlt bar und erledigt Einkäufe für eine oder mehrere Ausgabekategorien.

Du schätzt anhand der Ausgaben der letzten Wochen ab, wie viel vom Budget er jeweils benötigt. Diesen Anteil vom Bargeld verwaltet dein Partner.

3. Dein Partner hat Bargeld bekommen, zahlt aber trotzdem mit Karte.

Hier kommt es darauf an, ob ihr einen Puffer auf dem Girokonto habt oder das Konto durch die Abbuchung ins Minus rutschen könnte. Habt ihr einen Puffer, entnimmst du das Bargeld aus dem Umschlag der jeweiligen Kategorie und steckst es in einen separaten Umschlag für den Folgemonat.

Habt ihr keinen Puffer, solltest du das Bargeld aus dem jeweiligen Umschlag wieder auf das Konto einzahlen. Es kann sein, dass deine Bank dafür Gebühren erhebt. Wie du einen Puffer ansparen kannst, erfährst du in Kapitel 6.

4. Dein Partner kritisiert deine Ausgaben.

Hier gibt es gerade für die Kategorien Freizeit/ Luxus/ Shopping eine einfache Lösung: Ihr zahlt euch jeden Monat ein Taschengeld. Von dem Taschengeld kann jeder kaufen, was er möchte. No questions asked. Win-Win. Einigen müsst ihr euch nur über die Höhe (hier helfen die Tipps zu 5.).

5. Dein Partner gibt mehr aus, als im Budget vorgesehen/ hält sich nicht an das vereinbarte Budget.

Hier hilft nur miteinander reden! Seid ehrlich zueinander, macht euch aber keine gegenseitigen Vorwürfe oder Vorhaltungen. Fehler passieren. Aus den Fehlern zu lernen, ist das Ziel.

Besprecht gemeinsam, was ihr mit dem Budgetieren erreichen wollt, welche Ziele und Träume ihr habt. Und diskutiert, wie ihr diese realisieren könnt. Was müsst ihr dafür tun? Sparen? Wo und wie? Was sind sinnvolle Beträge für die einzelnen Budgetkategorien und warum?

Nehmt euch für dieses Gespräch Zeit. Verschafft euch die nötige Ruhe. Zwischen Tür und Angel mit den Kindern im Hintergrund werdet ihr aufgrund der Hektik schneller emotional. Macht es euch gemütlich. Notiert euch die besprochenen Vereinbarungen.

Kapitel 5 Reicht dein Geld?

5.1 Wie viel Geld hast du für die Sinking Funds 2 übrig?

Jeder Euro, den du einnimmst, hat eine Aufgabe in deinem Budget. Bisher hast du deine Fixkosten und Sinking Funds 1 ermittelt und deine variablen Kosten geplant. Jetzt ist es Zeit dass du dich mit deinen Sparzielen beschäftigst.

Urlaub, Notgroschen, Altersvorsorge... doch halt. Wie viel Geld hast du dafür überhaupt zur Verfügung?

Um diese Frage zu beantworten, rechnest du:

Einnahmen
- Fixkosten
- Sinking Funds 1
- variable Kosten
= Betrag für Sinking Funds 2

Beispiel:

Jule rechnet

Einnahmen	2.000 €
- Fixkosten	720 €
- Sinking Funds 1	108 €
- variable Kosten	750 €
= Sinking Funds 2	422 € (21,1 %)

Wie viel Geld solltest du für die Sinking Funds 2 übrig haben?

Das ist eine Frage, die sich nicht pauschal beantworten lässt. Sinking Funds 2 sind unheimlich motivierend. Du schaffst dir finanzielle Sicherheit (durch einen Notgroschen). Du sparst für die schönen Dinge im Leben (wie Urlaub) und für finanzielle Unabhängigkeit (in dem du Vermögen aufbaust). Also möchtest du wahrscheinlich möglichst viel in diese Spartöpfe packen.

10 % für motivierende Ausgaben wie bspw. Urlaub oder Weiterbildung und weitere 10 % deiner Einnahmen für Sparen & Investieren sind gute Richtwerte.

Beispiel:

Jule hat Einnahmen in Höhe von 2.000 € pro Monat. Ihr Ziel ist es 200 € (10 %) für Urlaub & Co. zurückzulegen und 200 € pro Monat in ihren Notgroschen zu packen.

Was tun, wenn du mehr als 20 % für die Sinking Funds 2 übrig hast?

Herzlichen Glückwunsch! Du kannst dir deinen Notgroschen schneller aufbauen und mehr Geld in Urlaub & Co. stecken.

Was tun, wenn dir weniger als 20 % für die Sinking Funds 2 zur Verfügung stehen? Nicht verzweifeln. Tipps dazu findest du in den Kapiteln 5.2 & 9.5.

5.2 Was tun, wenn nichts übrig bleibt?

Zuerst musst du rausfinden, woran es liegt. Entweder sind deine Ausgaben zu hoch oder dein Einkommen zu niedrig (oder im schlimmsten Fall beides).

Du rechnest:

(Fixkosten + Sinking Funds 1) : Einnahmen

× 100

Beispiel:

Bei Jule sind es (720 € + 108 €) : 2.000 € x 100 = 41,4 %.

Du hast jetzt den prozentualen Anteil deiner Fixkosten & Sinking Funds 1 an den Einnahmen berechnet. Wenn dieser Wert über 60 % liegt, solltest du dir deine Fixkosten und Sinking Funds 1 nochmal genau anschauen und auf Einsparpotenziale prüfen. Tipps dazu findest du in Kapitel 8.

Wenn das noch nicht ausreicht, schaust du dir als nächstes noch einmal deine variablen Kosten an. Hast du Kategorien wie "Luxus" oder "Shopping", bei denen du relativ leicht die Kosten senken kannst, weil es sich nicht um notwendige Ausgaben handelt? Lies dir zusätzlich die Spartipps in Kapitel 7 durch und überleg dir, was du umsetzen kannst.

Lass dich nicht demotivieren! Du sollst nicht für immer auf Shopping verzichten, sondern nur vorübergehend, bis in deinem Budget wieder Platz dafür ist! Schulden machen, um nicht verzichten zu müssen, ist keine gute Idee. Damit schadest du dir.

Nachdem du die Fixkosten, Sinking Funds 1 und die variablen Kosten so weit wie möglich gesenkt hast: Bleibt jetzt etwas übrig bzw. bleiben mindestens 20 % deines Einkommens übrig?

Wenn ja, prima. Lies in Kapitel 6 weiter.

Wenn nicht, hast du ein zu niedriges Einkommen und solltest es erhöhen. Was hier für dich die beste Lösung ist, kann ich dir, ohne dich und deine Situation genau zu kennen, leider nicht sagen. Deshalb gebe ich dir einige allgemeine Anregungen - in der Hoffnung, dass dir etwas davon weiterhilft. Mir ist bewusst, dass nicht jeder Tipp für dich tatsächlich umsetzbar sein wird.

Du könntest zu einem Arbeitgeber wechseln, der dich besser bezahlt. Aber achte auf mögliche Folgekosten! Vielleicht musst du öfter tanken, weil dein Arbeitsweg länger wird. Oder der Dress Code ist strenger und du brauchst neue Kleidung fürs Büro.

Wenn du Teilzeit arbeitest, könntest du deine Wochenarbeitszeit erhöhen. Beachte auch hier die Folgen. Brauchst du bspw. mehr Betreuungszeit für deine Kinder?

Du könntest dir einen Nebenjob suchen oder dir auf selbstständiger Basis etwas dazuverdienen. Hier empfehle ich dir das Buch "Feierabendboss" von Christian Schmid und Rubén Alvarez Barrera. Darin findest du 33 Ideen für Nebeneinkünfte. Da ist wirklich für Jeden etwas dabei. Den Preis des Buches holst du locker wieder rein (Ich bekomme kein Geld für diese Empfehlung, ich finde das Buch einfach richtig gut.).

Du könntest dich weiterbilden/ umschulen/ quereinsteigen, um an einen besser bezahlten Job zu kommen. Hier musst du besonders gründlich prüfen, welche Möglichkeiten es für dich gibt und was sich für dich lohnen könnte. Die Beratungsstellen der Arbeitsagenturen sind dafür eine gute Anlaufstelle.

Wenn du hohe Tankkosten hast, solltest du prüfen, ob es möglich ist, dass du überwiegend im Home Office arbeitest. Oder du handelst bei deinem Arbeitgeber einen Fahrtkostenzuschuss oder ein Jobticket für den Öffentlichen Nahverkehr aus. Lass dir unbedingt vorher von der Personalabteilung die Auswirkungen auf dein Nettogehalt erläutern.

Kapitel 6 Sinking Funds 2

Sinking Funds 2 sind Spartöpfe wie Notgroschen und Konto-Puffer, die für deine finanzielle Sicherheit unverzichtbar sind. Zusätzlich sparst du für künftige Ausgaben, deren Höhe und/ oder Zeitpunkt nicht genau feststehen und deshalb nur geschätzt werden können (z. B. Urlaubsreise, Hauskauf).

6.1 Der Notgroschen

Zuerst machst du deinen Notgroschen startklar. Ein Notgroschen ist sehr wichtig. Er bewahrt dich davor, in den Dispo zu rutschen oder Schulden machen zu müssen, wenn etwas Unvorhergesehenes passiert. Das kann die Waschmaschine sein, die unverhofft kaputt geht, der Schaden am Auto, die kaputte Heizungsanlage oder eine unerwartete Kündigung.

Bis du deine eiserne Reserve aufgebaut hast, kann das Investieren warten. Der Notgroschen hat Priorität!

Er muss so sicher wie möglich und täglich verfügbar angelegt werden. Viele nutzen dafür ein Tagesgeldkonto. Einigen Menschen hilft es, ihren Notgroschen bei einer anderen Bank als der, bei der sie ihr Girokonto haben, zu lagern.

Dann fühlen sie sich nicht versucht, das Geld auszugeben. Aus den Augen, aus dem Sinn – aber im positiven Sinne.

Auf keinen Fall solltest du mit deinem Notgroschen spekulieren! Der Notgroschen gehört weder an die Börse noch in andere riskante Anlageprodukte wie P2P-Kredite. Seine Aufgabe ist es, dir Sicherheit zu geben, er soll keine Rendite erwirtschaften. Was willst du tun, wenn du das Geld dringend brauchst, aber die Aktienkurse gerade auf Talfahrt sind oder der Kredit nicht sofort abrufbar ist? Eben.

Wie hoch sollte dein Notgroschen sein? Du wirst oft hören, drei bis sechs Nettomonatsgehälter seien ausreichend. Das ist zu pauschal. Die passende Höhe hängt von deiner Situation und auch von deinem Sicherheitsbedürfnis ab.

Stell dir folgende Fragen:

- Wie sicher ist mein Job?

- Wie viele Personen sind finanziell von mir abhängig (z. B. Partner, Kinder)?

- Habe ich hohe Fixkosten oder Fixkosten, die ich unbedingt pünktlich bedienen muss (bspw. die Raten an die Bank für den Hauskredit)?

Im Zweifel setzt du den Notgroschen vorsichtshalber etwas höher an.

Kommt dir diese Summe momentan unerreichbar vor? Keine Panik. Du wirst es schaffen. Fürs Erste setzt du dir ein Zwischenziel. Wenn du das erreicht hast, wird es dir auch noch gelingen, die restliche Summe anzusparen.

Beispiel:

Jule verdient 2.000 € netto pro Monat. Vier Gehälter wären 8.000 €. Sie möchte 10.000 € Notgroschen - damit würde sie sich sicher fühlen. Ihr erstes Ziel ist 5.000 € anzusparen. Danach wird sie die zweiten 5.000 € zur Seite legen. 5.000 € erscheint ihr leichter zu realisieren als 10.000 €.

6.2 Der Puffer auf dem Girokonto

Der Puffer ist ein Teil deines Notgroschens, den du auf dem Girokonto belässt. Dadurch ist dein Kontostand vor dem Geldeingang nicht Null sondern positiv.

Der Puffer bewahrt dich davor, in den Dispo zu rutschen, wenn eine Abbuchung erfolgt, an die du nicht gedacht hast. Oder wenn das Gehalt ein paar Tage später kommt, die Miete aber pünktlich zum 1. des Monats abgebucht wird.

Auch wenn du für die variablen Kosten Bargeld abgehoben hast, aber doch mal mit Karte zahlst, musst du nicht gleich zur Bank eilen, um das Geld wieder einzuzahlen.

Ideal ist ein Puffer in Höhe deiner Fixkosten und der Sparraten für die Sinking Funds 1. Wenn du ganz sicher gehen willst, dann spare die Gesamtausgaben eines Monats an. Dein Notgroschen auf dem Tagesgeldkonto ist dann entsprechend geringer.

Einziger Nachteil: Du musst der Versuchung widerstehen, das Geld auszugeben!

6.3 Urlaub, Weihnachten, Hauskauf und mehr

Sinking Funds 2 sind Spartöpfe für die schönen Dinge im Leben, für die du etwas mehr Geld benötigst. Der Klassiker ist Sparen für den Urlaub oder den Kauf eines Autos oder Hauses. Auch auf größere Feste wie zum Beispiel Hochzeit, Geburt, Taufe oder Jugendweihe kannst du dich damit finanziell vorbereiten.

Die Besonderheit bei diesen Spartöpfen ist, dass du heute noch nicht genau weißt, wie viel dich der Urlaub, der Autokauf oder die Feier kosten wird. Deshalb schätzt du deine künftigen Ausgaben dafür.

Beim Urlaub kannst du deine vergangenen Urlaube zu Grunde legen und schauen, wie viel du insgesamt ausgegeben hast. Diese Summe teilst du durch die Anzahl der Monate bis zum Beginn deines nächsten Urlaubs. Das ergibt deine Sparrate.

Beispiel:

Jule hat bisher ca. 1.800 € im Jahr für Urlaub ausgegeben. Bis zum nächsten Urlaub sind es noch 12 Monate. Sie muss also 1.800 € : 12 = 150 € pro Monat dafür zurücklegen. Möchte Jule schon in 8 Monaten in den Urlaub fahren, wären es 225 € pro Monat. Das kann sie sich momentan nicht leisten.

Die Höhe deiner Sparrate für Urlaub gibt dir wertvolle Informationen. Ist sie zu hoch, kannst du dir überlegen, wie der Urlaub günstiger werden könnte oder ob du ihn verschiebst, bis du genügend zur Seite gelegt hast.

Urlaub auf Pump (finanziert mit Dispo & Co.) ist vielleicht verlockend, aber der Einstieg in die Schuldenfalle. Du kannst den Urlaub am meisten genießen, wenn du ihn dir vorher komplett zusammengespart hast.

Bei Auto, Haus oder anderen geplanten großen Anschaffungen gehst du wie folgt vor:

- Du schätzt ab, wie hoch der Kaufpreis sein wird.

- Du überlegst dir, wie viel davon du vorab ansparen möchtest (den Rest müsstest du über einen Kredit finanzieren).

- Du legst fest, wann der Kauf stattfinden soll.

Beispiel:

Mia will sich in drei Jahren ein Auto für ca. 10.000 € kaufen und keinen Kredit dafür aufnehmen müssen. Sie muss deshalb ab sofort

10.000 € : 3 : 12 = 277,78 € pro Monat zurücklegen.

Es würde den Rahmen dieses Buches sprengen, detailliert darauf einzugehen, wie viel Eigenkapital für einen möglichst günstigen Kredit bei ausreichender Liquidität optimal wäre. Hier beraten dich unabhängige Finanzierungsberater oder deine Bank.

Wenn du Haustiere hast, könnte ein Spartopf für Tierarztkosten sinnvoll sein. Diese Kosten musst du meist komplett selbst tragen und sie können sich schnell summieren. Für manche Haustierarten werden Krankenversicherungen angeboten. Schau dir dazu die aktuellen Vergleiche der Stiftung Warentest an.

Im Haushalt geht schnell mal etwas kaputt oder du möchtest Möbel, einen Laptop oder ein neues Smartphone kaufen. Auch hier bietet sich ein Spartopf an, den du jeden Monat füllst. Dann kannst du auf die scheinbar günstigen Finanzierungsmodelle (Ratenkredite) verzichten.

Wenn du Kinder hast, kann ein Spartopf für größere Anschaffungen oder Ausgaben sinnvoll sein (Schulanfang, Beginn des neuen Schuljahres, Fahrrad, Austauschjahr uvm.).

6.4 Priorisieren und loslegen

Manchmal reicht das Geld für die Sinking Funds 2 nicht, um alle Spartöpfe gleichzeitig zu füllen. Das ist nicht ungewöhnlich. In diesem Fall musst du Prioritäten setzen. Notgroschen und Puffer auf dem Girokonto sind sehr wichtig als Schuldenprophylaxe. Die übrigen Sparziele gewichtest du danach, wie schnell du das Geld brauchst und wie wichtig dir das Sparziel ist.

Wenn du ein Sparziel erreicht hast (z. B. den Notgroschen), kannst du die bisherige Sparrate nutzen, um andere Spartöpfe zu füllen.

Beispiel:

Jule hat 420 € für die Sinking Funds 2 zur Verfügung. Sie hat einen Notgroschen von 0 € und ist am Monatsende regelmäßig 200 € im Dispo. Sie möchte einen Notgroschen von 5.000 € und einen Puffer auf dem Girokonto von 1.000 €. Weitere Sparziele sind Urlaub (bislang ca. 1.800 € Kosten pro Jahr) und Tierarzt (Ziel: 400 €). Langfristig (in 5 Jahren oder später) möchte sie sich ein (gebrauchtes) Auto kaufen.

Jule lässt im ersten Monat 200 € auf dem Konto, um aus dem Dispo rauszukommen und danach um den Puffer aufzubauen. Weitere 120 € bucht sie per Dauerauftrag auf ihr Tagesgeldkonto um, um einen Notgroschen aufzubauen. 50 €

hebt sie ab und sammelt das Geld in einem Umschlag für Tierarztkosten. 50 € bucht sie auf ein Sparkonto für den nächsten Urlaub um.

Nach einem halben Jahr hat sie die gewünschten 1.000 € Puffer auf dem Girokonto, 720 € Notgroschen, 300 € für Tierarztkosten und 300 € für den nächsten Urlaub zusammen. Ab jetzt füllt sie die Spartöpfe wie folgt:

Notgroschen 220 € pro Monat
Tierarztkosten 50 € pro Monat
Urlaub 150 € pro Monat.

Wenn Jule die 400 € Rücklage für die Tierarztkosten angespart hat, wird sie anfangen 50 € pro Monat per Dauerauftrag auf ein Sparkonto für das neue Auto einzuzahlen. Wenn der Notgroschen steht, kann sie noch mehr für das Auto ansparen.

Unregelmäßige Einnahmen (z. B. aus Verkäufen auf eBay, Geldgeschenken, Weihnachts- oder Urlaubsgeld) kannst du nutzen, um deine Sinking Funds 2 aufzustocken. Auch Einkommensteuererstattungen bieten sich dafür an.

Solltest du die Sinking Funds 2 mit Bargeld in Umschlägen oder per Dauerauftrag auf einem Sparkonto ansparen?

Das ist Geschmackssache. Kleinere Summen kannst du durchaus zu Hause aufbewahren. Den Notgroschen und größere Sparziele wie Urlaub, Haus oder Auto solltest du nicht zu Hause lagern, sondern auf der Bank belassen. Für die monatlichen Sparraten kannst du einen Dauerauftrag einrichten.

Wenn es dich motiviert, deinen Fortschritt zu sehen, kannst du dir sog. Sparziel-Tracker selber basteln oder kostenlose Vorlagen im Internet raussuchen. Tippe in die Suchmaske bspw. ein "Sparziel Tracker Auto" oder "Sparziele kostenlose Vorlagen". Du könntest auch Umschläge mit Spielgeld zur Visualisierung füllen (gibt's kostenlos bei der deutschen Bundesbank).

6.5 Investieren für Altersvorsorge und Vermögensaufbau

Wenn du dir einen Notgroschen aufgebaut hast, ist es Zeit, über das Investieren nachzudenken. Wichtig ist, dass du dich vorher gründlich informierst und genau verstehst, worin du investierst und welche Chancen und Risiken damit verbunden sind.

Es würde den Rahmen dieses Buches sprengen, dir dafür eine genaue Anleitung zu geben. Aber es gibt tolle Bücher, in denen du alles erfährst, was du als Einsteiger wissen musst.

Meine Empfehlungen sind:

- Gerd Kommer "Souverän investieren für Einsteiger ", Campus Verlag

- Gerd Kommer "Der leichte Einstieg in die Welt der ETFs", FBV.

Kapitel 7 Clever sparen bei den variablen Kosten

In diesem Kapitel verrate ich dir die besten Spartipps für die variablen Kosten. Probier aus, was bei dir funktioniert. Ich habe mit diesen Tipps und Tricks viel Geld gespart.

Du findest hier keine wahllose Ansammlung aller möglichen Spartipps, sondern nur Dinge, die sich bei mir schon viele Jahre bewährt haben.

7.1 Mehr Zurückhaltung beim Shoppen

Hier geht es nicht um Lebensmittel und notwendige Haushaltsartikel, sondern um Kleidung, Schuhe, Deko u. ä. Ein guter Anfang ist, dass du dir dafür ein festes Budget setzt, das deutlich strenger gehandhabt wird als zum Beispiel dein Budget für Lebensmittel.

Ich zahle mir selbst ein "Taschengeld" für Freizeit/ Hobby und Luxus. Wenn ich schon Mitte des Monats das Taschengeld komplett ausgegeben habe, kaufe ich die restlichen zwei Wochen nichts mehr. Punkt. Das kommt bei mir trotz jahrelangem Budgetieren immer mal wieder vor, aber dafür gebe ich dann tatsächlich bis zum nächsten Monatsanfang nichts mehr aus.

Damit ich das durchhalte, gehe ich in diesem Zeitraum nicht in die entsprechenden Geschäfte. Ich habe alle Newsletter abbestellt und abonniere keine Neuen. Online stöbere ich aber durchaus ab und zu. Entdecke ich in diesen No Spend-Wochen online Kleidung oder Bücher, die mir gefallen, packe ich sie auf die Wunschliste.

Wunschlisten miste ich halbjährlich aus. Erstaunlicherweise bestelle ich die Artikel darauf zum Großteil gar nicht.

Deswegen ist mein nächster Tipp für dich zum Thema Online-Shopping bei Amazon oder anderen Anbietern: Nutze grundsätzlich die Wunschliste, "Speichern für später" o. ä. Ausnahmen gibt es nur, wenn du etwas bestellst, das du wirklich zeitnah brauchst (z. B. Staubsaugertüten, Glühlampen).

Lass die Artikel ein paar Tage auf der Liste, bevor du sie kaufst. Es müssen nicht die häufig empfohlenen 30 Tage sein. Probier aus, wie lange es dauert, bis bei dir das Gefühl von "Dringend haben wollen" weg ist. Ich bin meist schon nach wenigen Tagen an diesem Punkt, weil ich schon die nächsten Artikel ausspähe, die dann auf der Liste landen (und die ich schlussendlich auch nicht kaufe). Aus den Augen, aus dem Sinn.

Es geht darum, zwischen dem „Sofort haben wollen"-Impuls und dem Kauf so viel Zeit wie möglich verstreichen zu lassen, damit der Drang zu kaufen nachlässt. Deshalb bleibe ich bei Online-Shops nicht angemeldet, sondern logge mich nach jedem (!) Kauf wieder aus. Bin ich versucht, etwas zu bestellen, muss ich mich beim virtuellen Gang zur Kasse erst mit Passwort anmelden und denke noch einmal über den geplanten Kauf nach. Ich nutze auch nicht die Shopping-Apps, sondern bestelle über die Webpage des Anbieters im Browser.

Wenn du Dinge entdeckst, die du gern kaufen möchtest und dein Geburtstag oder Weihnachten ist nur noch ein paar Wochen entfernt dann lass dir die Sachen schenken! Wunschlisten kannst du meist auch für deine Freunde und Familie freigeben, so dass diese auswählen können, was sie dir schenken wollen.

Verabrede dich nicht zum Shoppen. Triff dich nicht in der Shoppingmeile mit Freunden oder Bekannten auf einen Kaffee. Quäl dich selbst nicht unnötig. Du brauchst unheimlich viel Willenskraft, um inmitten all dieser Verlockungen stark zu bleiben. Mach es dir leichter. Verabrede dich im Park zum Spazieren gehen und dabei ausgiebig quatschen.

Ich bin ein Frust-Online-Shopper. Wenn ich genervt, gestresst, gelangweilt bin, neige ich dazu, in den Online-Shops meines Vertrauens auf die Jagd zu gehen. Hier hilft die oben besprochene Wunschliste und Ablenkung. Der Frust muss raus, aber über ein anderes Ventil als einzukaufen.

Bei mir funktioniert Sport sehr gut. Nach einer Jogging-Einheit oder einer Runde mit dem Fahrrad ist meine Laune deutlich besser und das Verlangen zu kaufen weg. Vielleicht hat ein entspannendes Bad oder ein Picknick mit Freunden bei dir dieselbe Wirkung.

Werde kreativ! Probier aus, was zu dir passt und zum Erfolg führt. Teile deine No Spend-Erfolge mit Freunden. Sei stolz auf deine Zurückhaltung!

Ein weiterer Tipp sind Limits für die Anzahl an Kleidungsstücken und Schuhen in deinem Besitz. Diese Methode ist am Anfang mit etwas Aufwand verbunden.

Du machst zuerst eine Inventur deines Kleidungs- und Schuhschranks. Wie viele Jeans, Shorts, Röcke, Kleider etc. besitzt du? Wie viele Sneaker, Pumps, Ballerinas, Sportschuhe? Bei dieser Gelegenheit kannst du gleich noch ausmisten und Sachen, die dir nicht mehr passen oder die du nicht mehr trägst (oder noch nie getragen hast), aussortieren.

Jetzt kommt der Moment der Wahrheit. Brauchst du wirklich 15 Jeans und 20 Sneakers? Macht es Sinn eine 16. Jeans und das 21. Paar Sneakers zu kaufen? Welches sind deine Lieblingsstücke? Ziehst du eigentlich nur fünf deiner Jeans an? Trägst du regelmäßig dieselben vier Paar Schuhe? Dann könnte das ein sinnvolles Limit für dich sein.

Ein neues Teil wird ab sofort nur gekauft, wenn du gleichzeitig ein altes aussortierst, verkaufst oder verschenkst. Du bekommst (und behältst) einen Überblick über deinen Kleider- und Schuhschrank.

Allein dieser Überblick hat mir sehr viel gebracht. Ich sortiere mindestens zweimal jährlich aus. Es zahlt sich aus, hier am Ball zu bleiben. Chaos im Schrank führt zu Shopping. Zumindest bei mir ist das so.

7.2 Geld sparen bei den Lebensmitteln

Ausgaben für Lebensmittel sind der heimliche Killer deines Budgets. Sie machen einen beträchtlichen Teil deiner Gesamtkosten aus und sie laufen sehr schnell aus dem Ruder. Es ist so leicht, dafür Geld auszugeben. Noch kurz zum Bäcker, den zweiten Kaffee to go, schnell beim Imbiss rangefahren...

Dazu kommt, dass Essen für viele Menschen ein emotionales Thema ist. Ich zum Beispiel esse mehr, vor allem mehr Süßes, wenn ich gestresst bin.

Mein erster und wichtigster Tipp beim Thema Lebensmittel ist deshalb: Minimiere die Versuchungen! Ideal ist es, wenn du nur einmal pro Woche einkaufen gehst, bewaffnet mit einer Einkaufsliste, und vorher gut gegessen hast.

Die Verlockungen lauern wirklich überall. Selbst im Drogeriemarkt ist man nicht sicher. Neben Babybedarf und Hygieneartikeln gehe ich jedes Mal mit Schokolade, Keksen, Riegeln und Kaffee nach Hause. Die Lösung: Ich bestelle online beim Drogeriemarkt meines Vertrauens. So fällt es mir leichter, stur meine Einkaufsliste abzuarbeiten.

In der Freizeit, auch bei Ausflügen mit Kindern, hilft gute Vorbereitung. Obst, Käse, Brot, Joghurt und Trinkflaschen haben wir immer dabei, um ausgiebig vespern zu können. So sparen wir uns die teuren Snacks und Getränke vor Ort.

Wir haben vor Kurzem unsere Ausgaben für Lebensmittel um 40 % gesenkt. Nachdem unser zweites Kind auf der Welt war, ist es etwas aus dem Ruder gelaufen. Die Nächte waren kurz und die Tage anstrengend. Im Zweifel haben wir Essen liefern lassen oder etwas Schnelles geholt. Beim Einkaufen haben wir regelmäßig Sachen gekauft, die wir schon mehrfach auf Vorrat hatten. Der Überblick fehlte.

Den nötigen Überblick verschaffst du dir, in dem du zu Hause Detektiv spielst. Du machst zuerst eine Inventur deiner Vorräte. Schau dir dazu sämtliche Tiefkühl- und Kühlschrankfächer genau an. Weiter geht's mit den Vorratsregalen. Du wirst überrascht sein, das garantiere ich dir.

Schreib dir auf, was du auf Lager hast. Fortgeschrittene gliedern diese Liste nach Kategorien wie Obst, Gemüse, Fleisch usw. Fürs Erste genügt auch eine fortlaufende Aufzählung.

Nach dieser Bestandsaufnahme kannst du entscheiden, ob du zu viele Vorräte hast und diese erst mal reduzieren möchtest. Wir haben dafür drei No Spend-Wochen eingelegt und uns für jeweils eine Woche überlegt, was wir mit den Vorräten kochen wollen. Das Ziel ist, nur das Nötigste einzukaufen.

Diesen Prozess (Inventur der Vorräte → Essensplan → Einkaufsliste) nennt man übrigens Meal Planning. Meal Planning sorgt dafür, dass du so wenig Lebensmittel wie möglich wegwirfst und idealerweise alles verbrauchst. Dadurch sparst du automatisch Geld und lebst nachhaltiger. Win-Win.

Andere Möglichkeiten, mit denen du deine Ausgaben für Lebensmittel drastisch senken kannst, sind:

- Teilnahme am Food Sharing

- Nutzung der „Too good to go" – App

- Nutze Angebote und Reduzierungen wegen drohendem Ablauf des Mindesthaltbarkeitsdatums.

- Friere alles, was du nicht rechtzeitig verbrauchst, ein.

- Obst, Gemüse und Kräuter kannst du auf dem Fensterbrett/ Balkon/ im Garten selbst anbauen.

- Vergleiche bei den Artikeln, die du gern isst und immer wieder kaufst (deine individuellen Grundnahrungsmittel), die Preise zwischen den Geschäften und kaufe gezielt dort ein, wo sie am Günstigsten sind.

- Nutze Koch-Apps, um Rezept-Ideen für vorhandene Reste bzw. Lebensmittel, die verbraucht werden müssen, zu bekommen.

Ich bin ein großer Fan davon, das Nützliche mit dem Angenehmen zu verbinden. Deshalb nutze ich beim Thema Essen bestellen eine Spar-Challenge. Wenn ich den Wunsch verspüre, lecker mexikanisch oder asiatisch zu ordern, mir dann aber doch selbst etwas zubereite, packe ich 2 € in die Challenge. Man könnte auch den Betrag sparen, den man fürs Essen bestellen ausgegeben hätte. Der Fantasie sind keine Grenzen gesetzt.

Wenn wir doch mal über die Stränge schlagen, streue ich gern eine No Spend-Woche ein, in der ich nur das Notwendigste einkaufe. Süßigkeiten gehören für mich nicht dazu. So kam es, dass wir all unsere Vorräte an süßen Sachen aufgebraucht haben. Das hat länger als einen Monat gedauert. Schon verrückt, wie viel man bunkert, ohne darüber nachzudenken.

7.3 Geld sparen in anderen Bereichen

Blumen:

Wenn du einen Garten hast, kannst du dort selbst Blumen ziehen. Das spart dir teure Blumensträuße für Geburtstage und andere Anlässe und du hast immer schöne Blumen im Haus.

Bücher:

Liebst du Bücher? Wir sind in unserer Familie alle vier absolute Leseratten. Ich kaufe viele Bücher gebraucht oder leihe sie mir in der Bibliothek aus. Gebrauchte Bücher gibt es bspw. bei Medimops, Rebuy oder Amazon Warehouse Deals.

Bei Büchern für mich selbst schaue ich, ob das Buch von einem englischsprachigen Autor nicht in Englisch günstiger zu haben ist und lese es dann im Original. Bücher, die ich nach dem Lesen nicht behalten möchte, verschenke ich oder verkaufe sie bei Momox oder Rebuy.

Kinder:

Im Familien-, Freundes- und Kollegenkreis reichen wir Kinderkleidung weiter. Gerade bei Babys hat das den Vorteil, dass die Sachen schon oft gewaschen wurden. Mich stört es nicht, wenn meine Töchter gebrauchte Kleidung tragen, zumal diese meist tadellos ist.

Schuhe kaufe ich allerdings generell neu. Hier hat es sich bewährt, antizyklisch zu kaufen. Anfang September kaufe ich Sommerschuhe fürs Folgejahr, Winterschuhe im Frühjahr usw. Das funktioniert auch gut für Schwimmsachen und -zubehör, Winterausrüstung, Matschhosen...

Spielzeug bekommen die Kinder zum Großteil von den Großeltern, Verwandten und Freunden nach Absprache geschenkt. Meine Erfahrung bislang ist, das Weniger hier tatsächlich mehr ist. Viele Spielsachen haben die Kids auch jeden Tag in der Kita zur Verfügung und brauchen sie nicht zusätzlich zu Hause. Das spart zudem Platz.

Für alle Kategorien gilt:

Viele schwören auf ihre Lieblingsmarken. Ich liebe zum Beispiel meine Salomon-Laufschuhe. Aber in vielen Bereichen bieten No name-Brands oder Eigenmarken der Handelsketten ein sehr gutes Preis-Leistungs-Verhältnis. Auch bei Medikamenten bekommst du beim Kauf von Generica dieselben Wirkstoffe wie beim Kauf der bekannten Marken aber zu deutlich günstigeren Preisen. Frage in der Apotheke gezielt nach preiswerteren Alternativen. Probier's einfach mal aus. Du bist nicht allein.

Kapitel 8 Spartipps für Fixkosten und Sinking Funds1

8.1 Wohnen - Kaufen vs. Mieten und die Lage

Wohnen ist eine große Stellschraube für erfolgreiches Sparen, die Folgekosten verursachen oder die Gesamtausgaben verringern kann. Hier gibt es keine pauschalen Lösungen. Ich möchte dich für die Folgen deiner Entscheidungen für deine Ausgaben sensibilisieren.

Wohnst du zentral in einer Stadt, brauchst du vielleicht kein Auto. Ein großer Kostenblock, der einfach wegfällt! Für Ausflüge kannst du Car-Sharing nutzen oder ein Auto ausleihen. Oder du machst eine Fahrradtour daraus. Oder du nutzt öffentliche Verkehrsmittel.

Die höhere Miete in zentraler Lage wird diese Kostenvorteile vermutlich nicht komplett aufzehren. Wenn du auch noch zentral arbeitest und zeitraubendes Pendeln entfällt - umso besser.

Ob es kostengünstiger ist, zu kaufen oder zu mieten, lässt sich nicht ohne Weiteres sagen.

Du musst alle Kosten einer eigenen Immobilie berücksichtigen, wenn du sie mit der Miete vergleichen möchtest: Zins, Tilgung, Nebenkosten, Rücklage für Instandhaltung, Grundsteuer, Hausversicherung usw. Je nach Lage der Immobilie brauchst du ein Auto oder auch nicht.

Für eine fundierte Diskussion empfehle ich dir das Buch „Kaufen oder Mieten?“ von Gerd Kommer (erschienen im Campus Verlag).

Noch ein Tipp für Mieter: In vielen Städten gibt es Genossenschaften, die an ihre Mitglieder vermieten. Dies ist häufig bedeutend günstiger, aber manchmal mit mehrjährigen Wartezeiten verbunden. Auch städtische Wohnungsbaugesellschaften vermieten häufig preiswert. Hier sind mitunter Einkommensgrenzen zu beachten. Bestimmte Mieter (z. B. Alleinerziehende) werden bevorzugt bei der Wohnungsvergabe behandelt. Besuche die Homepage deiner Stadt und schau in der Rubrik "Wohnen" nach oder tippe in das Google-Suchfeld den Namen deiner Stadt und "Mieten Genossenschaft" ein.

8.2 Für Mieter: Nebenkostenabrechnung prüfen

Verbraucherschützer schätzen, dass etwa 50 % aller Nebenkostenabrechnungen fehlerhaft sind. Ab Zugang hast du normalerweise vier Wochen Zeit, der Abrechnung zu widersprechen und kannst Folgendes prüfen:

- Dürfen alle umgelegten Kosten tatsächlich auf den Mieter umgelegt werden? Dazu gibt es Listen im Internet. Gib "umlagefähige Nebenkosten" in die Suchmaske ein.

- Wurden die Vorauszahlungen korrekt berücksichtigt, vor allem, wenn sie sich unterjährig geändert haben?

- Sind die berücksichtigten Zählerstände für Heizung, Warm- und Kaltwasser korrekt? Lies die Zählerstände zum Stichtag ab, damit du sie, wenn die Abrechnung kommt, überprüfen kannst. Der Stichtag ist häufig (aber nicht immer) der 31. Dezember.

- Stimmen die Gesamtkosten und die sich ergebende Nachzahlung/ Erstattung? Schnapp dir einen Taschenrechner und rechne nach. Rechenfehler passieren häufiger als man glaubt.

Diese Aufzählung ist nicht abschließend. Das sind die Punkte, die ich mir immer anschaue. Es können noch mehr Aspekte relevant sein. Auskunft geben bspw. Mieterschutzvereine.

8.3 Versicherungen

Leider gibt es zu viele Versicherungsberater, die eigentlich reine Verkäufer sind. Dadurch hast du vielleicht zu viele Versicherungen oder sie sind zu teuer. Ich kann und darf hier keine Versicherungsberatung betreiben, möchte dir aber einige Anregungen geben.

Bei meinen Versicherungen achte ich auf diese vier Punkte:

1. Hast du Versicherungen, die du eigentlich nicht brauchst und kündigen kannst?

Welche das sind, ist sehr individuell und im Rahmen dieses Buches schwer zu beantworten. Finanztest (Stiftung Warentest) ist eine gute Informationsquelle, um rauszufinden, wann welche Versicherungen für dich sinnvoll sind.

Ein paar Anhaltspunkte: Wenn du eine gute Berufsunfähigkeitsversicherung hast, brauchst du wahrscheinlich keine zusätzliche Unfallversicherung. Statt einer Lebensversicherung reicht vielleicht auch eine Risikolebensversicherung. Letztere brauchst du vermutlich nur, wenn Haus, Kinder und Partner von deinem Einkommen abhängig sind. Von bestimmten Versicherungen wird generell abgeraten. Das sind z. B.

Sterbegeld-, Ausbildungs- und Krankenhaustagegeldversicherungen (statt einer Krankentagegeldversicherung).

2. Schaust du dir regelmäßig die Testberichte von Finanztest (Stiftung Warentest) an und prüfst, ob deine Versicherungen günstiger zu haben sind?

Zumindest aller fünf Jahre solltest du dich einmal damit beschäftigen. Das bringt uns zur dritten Einsparmöglichkeit, die für alle Versicherungen in Frage kommt.

3. Zahlst du deine Versicherungen jährlich?

Dadurch zahlst du mal eben weniger - meist ungefähr 3 - 5 % im Vergleich zur monatlichen Zahlweise. Ein netter Rabatt, den du dir nicht entgehen lassen solltest. Wichtig ist, dass du dir über einen Sinking Fund 1 (siehe Kapitel 3.2) den Jahresbetrag zusammensparst, damit du das Geld bei Fälligkeit auch parat hast.

4. Kannst du einen Selbstbehalt vereinbaren und sinkt dadurch dein Beitrag deutlich?

Ich habe eine Rechtschutzversicherung (die sicher nicht jeder braucht) mit Selbstbeteiligung von 250 € pro Fall. Dadurch ist der Jahresbeitrag um einiges niedriger. Das macht natürlich nur Sinn, wenn du das Geld für die Selbstbeteiligung auch hast. Du könntest den Betrag als Sinking Fund 2 ansparen.

Noch ein Tipp:

Wenn du mit deinem Partner zusammenziehst, lohnt es sich zu prüfen, ob manche Versicherungen, wie bspw. die Hausratversicherung, nun doppelt vorhanden sind und eine Police gekündigt werden kann. Bei anderen gibt es häufig einen Paartarif (z. B. bei der Haftpflichtversicherung), der meist günstiger ist als zwei Einzelpolicen.

Vergleichen und prüfen lohnt sich. Aber Achtung: Die günstigste Versicherung ist nicht unbedingt die Beste. Bei Versicherungen ist die Leistung ausschlaggebend! Wenn du dich in das Thema auf gut verständliche Weise einlesen möchtest, empfehle ich dir das Buch von Bastian Kunkel "Total ver(un)sichert" (FBV). Nutze außerdem immer die aktuellen Versicherungsvergleiche von Finanztest (Stiftung Warentest), die sich gegen ein geringes Entgelt online abrufen lassen.

8.4 Smartphone

Ich nutze einen Prepaid-Tarif einer großen Einzelhandelskette und zahle nur rund 8 € pro Monat für eine Allnet-Flatrate für Gespräche und SMS und 3 GB Datenvolumen. Für 13 € gibt es 6 GB und für 18 € 12 GB Datenvolumen (Stand: August 2022). Ich bin dieser Lösung schon seit über 10 Jahren treu und der Preis ist in dieser Zeit gleichgeblieben, das Datenvolumen hat sich mehrfach erhöht.

Woher bekomme ich mein Smartphone? Ich kaufe preiswerte generalüberholte Phones, die meist etwa zwei Jahre alt sind, aber wie neu funktionieren. Es gibt auch generalüberholte iPhones, wenn du Apple bevorzugst. Gib deine Lieblingsmarke + "generalüberholt" in die Suchmaschine ein und lass dich überraschen.

Das gebrauchte Smartphone nutze ich meist zwei bis drei Jahre. Wenn ich die Kosten dafür auf einen Monatsbetrag umrechne und zu meinem Prepaid-Tarif addiere, spare ich deutlich im Vergleich zu einem herkömmlichen Vertrag. Und nachhaltiger ist es auch noch.

8.5 Bankgebühren

Ich mach's kurz: Nein, danke.

Es gibt mittlerweile so viele Angebote für kostenlose Konten (aber Achtung: teilweise an Bedingungen geknüpft!), dass es wirklich nicht sein muss, für die Kontoführung zu bezahlen.

Brauchst du wirklich einen Ansprechpartner vor Ort? Könntest du alles online oder telefonisch erledigen? Auch hier empfehle ich dir die Tests und Vergleiche von Finanztest (Stiftung Warentest).

Beim Wertpapierdepot macht es häufig Sinn, zu prüfen, ob es günstiger ist, dieses bei einer anderen Bank als deiner Hausbank zu führen. Welche Depotbank die Beste für dich ist, hängt davon ab, wie du anlegst (z. B. Sparplan in ETFs, Kauf von Einzelaktien), wie häufig du handelst usw. Das ausführlich zu besprechen, sprengt leider den Rahmen dieses Buches. Ich empfehle dir den aktuellen Broker- und Depotvergleich von finanztip.de.

Bei den Empfehlungen von Familie, Freunden und Influencern ist Vorsicht geboten. Prüfe diese Ratschläge mit Hilfe von Internetseiten wie Finanztest, justetf.com und mit deinem gesunden Menschenverstand.

8.6 Abos für Streaming, Fitnessstudio & Co.

Einmal im Jahr solltest du überprüfen, welche Abonnements du tatsächlich regelmäßig nutzt. Gibt es dafür mittlerweile günstigere Angebote? Wenig oder gar nicht genutzte Abos solltest du schnellstmöglich kündigen.

Prüfe bei Abos, die du intensiv nutzt, ob es möglich ist, jährlich statt monatlich zu zahlen und wie viel du dadurch sparst. Vergiss nicht für den Jahresbetrag einen Sinking Fund 1 anzulegen (siehe Kapitel 3.2).

Sei beim Thema Fitnessstudio ehrlich zu dir selbst. Sport kann man nicht nur im Fitnessstudio machen. Brauchst du die Motivation durch Trainer oder Mit-Sportelnde kommt auch eine Mitgliedschaft in einem Sportverein in Betracht. Auch privat organisieren sich Laufgruppen, Beach-Volleyball-Teams, Rennrad-Fahrer uvm., die sich meist über neue Mitglieder sehr freuen.

8.7 Energieverbrauch (Heizung, Strom, Wasser)

Beim Energieverbrauch ist es aus meiner Sicht wie beim Geld ausgeben: Bewusster Konsum ist der Schlüssel. Damit kennst du dich dank der Umschlagmethode schon gut aus.

Das Ziel ist es, ein Gefühl dafür zu bekommen, wie viel du verbrauchst und wo du sparen kannst, ohne dass deine Lebensqualität darunter leidet. Es gibt keine Patentrezepte, die für alle Menschen passen. Ich kann dir nur Impulse und Tipps geben. Du entscheidest, was du davon umsetzen kannst und willst.

Hast du die Befürchtung, dass aus der nächsten Betriebskostenabrechnung, dem kommenden Heizölkauf, der nächsten Stromrechnung Nachzahlungen oder höhere Preise drohen, musst du dich vorbereiten. Fang jetzt an, Rücklagen zu bilden, indem du einen Sinking Fund 2 besparst. Schätze im Zweifelsfall lieber etwas großzügiger. Wenn es doch nicht so teuer wird wie erwartet, kannst du das Geld immer noch ausgeben.

Stell dich, wenn du mit Preissteigerungen rechnest, auch auf höhere Vorauszahlungen ein. Überlege dir, wie du diese Mehrkosten am Besten in deinem Budget unterbringst. Pass dein Budget entsprechend an.

8.7.1 Heizkosten sparen

Heizen ist eine sehr individuelle Angelegenheit. Für den Einen ist es okay, im Winter mit langer Hose und Pulli bei 20 Grad im Wohnzimmer zu sitzen. Andere fühlen sich nur bei 25 Grad und in leichter Kleidung zu Hause wohl. Versteh die folgenden Tipps deswegen nur als Anregung, nicht als Aufforderung.

- Welche Temperatur ist für dich zu Hause zum Wohlfühlen ausreichend? Wären bspw. 22 Grad akzeptabel? Finde heraus, welcher Stufe das auf deiner Heizung entspricht. Stufe 3 sollte etwa zu 20 Grad Celsius führen, Stufe 4 zu 24 Grad. Die drei Zwischenstriche zwischen Stufe 3 und 4 ergeben 21, 22 und 23 Grad. Nutze zur Kontrolle ein Thermometer.

- Die Heizungen sollten regelmäßig entlüftet werden. Schau dir dazu DIY-Tutorials auf YouTube an.

- Die Empfehlung von Experten für guten Schlaf ist, Schlafräume nicht zu beheizen, wenn in ihnen mindestens 16 Grad herrschen. Falls der Schlafraum unbeheizt kälter ist, nutze Stufe 2 der Heizung.

- Wenn du nur kurz Stoß lüftest, dreh die Heizung zwar runter, aber schalte sie nicht ganz aus. Sie verbraucht sonst mehr Wärme beim

Hochheizen als durch das Lüften und gleichzeitige Heizen verloren geht.

- Sind alle Türen dicht? Hier können Zuglufttiere oder Dichtungsband Abhilfe schaffen. Es ist ratsam, im Zweifel den Vermieter zu kontaktieren, wenn du zur Miete lebst.

- Sind alle Fenster dicht oder spürst du einen Luftzug (ggf. mit einer Kerzenflamme testen). Mögliche Lösungen sind Dichtungsband, ein Zuglufttier, neue Fenster (zugegeben eine drastische Lösung für sehr alte Fenster). Sprich auch hierzu ggf. mit deinem Vermieter.

8.7.2 Stromkosten sparen

Zuerst solltest du rausfinden, wie hoch dein Stromverbrauch eigentlich ist. Dein Stromzähler befindet sich wahrscheinlich im Keller; frage im Zweifel deinen Vermieter. Verbrauchst du im Vergleich zu einem durchschnittlichen Haushalt, in dem dieselbe Anzahl Menschen lebt, viel oder wenig Strom?

In deiner Stromrechnung steht, wie viel Strom du im letzten Jahr verbraucht hast. Bei uns waren das rund 1.500 kWh. Wir haben zwei kleine Kinder, die selbst noch keinen oder kaum Stromverbrauch auslösen (abgesehen von der Wärmelampe über dem Wickeltisch u. ä.). Deswegen vergleiche ich uns mit einem 2-Personen-Haushalt (bei älteren Kindern würde ich einen 4-Personen-Haushalt zu Grunde legen). 2.500 kWh gelten für zwei Personen laut einer schnellen Google-Suche als Durchschnitt, 1.300 - 2.100 kWh als niedriger Verbrauch. Unser Stromverbrauch ist also vergleichsweise gering.

Wo kannst du dich einordnen? Das kann dir einen ersten Anhaltspunkt geben, wie groß dein Handlungsbedarf ist.

Der zweite entscheidende Punkt ist die Wahl des Energieversorgers und des passenden Tarifs. Auf diesem Gebiet bin ich kein Experte. Ich empfehle dir, auf die Expertise von finanztip.de zurückzugreifen (gib "Stromanbieter wechseln finanztip.de" in die Suchmaske ein). Dort erfährst du, wann ein Wechsel sinnvoll ist und wie du vergehen solltest.

Strom sparen ist immer einen Versuch wert. Hier kommen meine Tipps dazu:

- Benutze zumindest im Sommer keinen Trockner, sondern trockne die Wäsche hängend im Freien (auf der Leine oder dem Wäscheständer) oder im Wäscheraum (ausreichend lüften!). Das habe ich jahrelang ganzjährig so gehandhabt. Mit zwei kleinen Kindern ist der Trockner aber auch im Sommer regelmäßig im Einsatz. Wenn sie etwas älter sind, soll sich das wieder ändern.

- Schalte Geräte wie bspw. PC, Gaming Station und TV, die gerade nicht genutzt werden, aus oder zumindest in Standby.

- Schalte die Geräte nachts komplett ab (also nicht im Standby belassen).

- Wenn du einen Raum nicht nur für kurze Zeit verlässt, denk daran, beim Gehen das Licht zu löschen.

- Gerade abends können (künstliche) Kerzen eine behagliche Stimmung erzeugen und ein wenig Licht spenden. Die Lampen können aus bleiben.

- Verwende LEDs statt Energiesparlampen. Ihr Stromverbrauch ist nochmal deutlich geringer.

- Ersetze Altgeräte gegen energieeffizientere Neugeräte, wenn der Ersatz auch aus anderen Gründen sinnvoll ist (bspw. weil sie defekt sind oder nicht mehr ausreichend Leistung bringen).

- Statt täglich Staub zu saugen, kannst du zwischendurch auch einfach einen Besen zur Hand nehmen und schnell durchfegen. Zumindest in Räumen ohne Auslegware.

8.7.3 (Warm-) Wasserverbrauch senken

Um kaltes Wasser zu erwärmen, wird Energie (z. B. Gas) benötigt, so dass dein Warmwasserverbrauch neben deinem Gesamtwasserverbrauch besonders bedeutsam ist. Auch hier ist es mir wichtig, dich dafür zu sensibilisieren, wie viel (Warm-) Wasser du verbrauchst und zu schauen, wo es Einsparpotenziale gibt. Nutze, was du nutzen kannst und ignoriere, was für dich nicht funktioniert.

- Lässt du das Wasser beim Zähneputzen, beim Hände einseifen und beim shampoonieren/ einseifen unter der Dusche einfach laufen? Viele tun das ganz unbewusst, weil sie es so gewohnt sind. Wenn du stattdessen das Wasser abdrehst, kannst du deinen Verbrauch deutlich senken.

- Badest du noch oder duschst du schon? Ein Entspannungsbad ist eine feine Sache. Für die tägliche Reinigung ist eine Dusche deutlich effizienter.

- Wie lang duschst du? Probier mal, ob du es schaffst, komplett zu duschen, während dein Lieblingssong läuft oder stell dir einen Countdown im Smartphone (vielleicht auch eine Idee, wenn du Kinder im Teenageralter hast).

- Brainstorming: Wo nutzt du bislang Warmwasser, aber das Verwenden von Kaltwasser wäre möglich und ausreichend?

- Könntest du auf Arbeit oder im Fitnessstudio duschen?

Kapitel 9 Häufige Fragen

9.1 Der Dispo

Ich bin im Dispo. Wie berücksichtige ich das bei der Anwendung der Umschlagmethode?

Erste Frage: Wie tief bist du im Dispo und wie lange schon? Kommst du bei Geldeingang wieder ins Plus?

Wenn du immer nur kurz vor Geldeingang einige Hundert Euro ins Minus rutschst, kannst du Folgendes tun: Sieh den Betrag, den du im Minus bist, als Kosten an und berücksichtige ihn bei den Sinking Funds 2. Diese Kosten haben Vorrang vor allen anderen Sinking Funds 2 außer deinem Notgroschen.

Beispiel:

Nisa fängt gerade erst mit der Umschlagmethode an. Bevor ihr Gehalt auf dem Konto eingeht, ist sie regelmäßig 400 € im Dispo. Nisas finanzielle Situation sieht so aus:

Einnahmen 1.800 €
Fixkosten (inkl. Sinking Funds 1) 900 €
Variable Kosten 600 €.

Für die Sinking Funds 2 bleiben somit übrig: 1.800 € - 900 € - 600 € = 300 €.

Im ersten Monat mit der Umschlagmethode steckt Nisa die 300 € komplett in den Ausgleich des Dispos und belässt sie deshalb auf dem Girokonto. Zum Monatsende ist sie nun nur noch 100 € im Minus.

Im zweiten Monat nutzt sie 100 € zum Ausgleich des Dispos, der danach auf null ist. Mit weiteren 100 € beginnt sie einen Puffer auf dem Girokonto aufzubauen (diese 100 € bleiben auf dem Girokonto). Die übrigen 100 € fließen in den Notgroschen.

Ab dem dritten Monat verteilt Nisa die 300 € so:

Puffer auf dem Girokonto 100 €
Notgroschen 100 €
andere Sinking Funds 2 (z. B. Urlaub) 100€.

Wenn Puffer bzw. Notgroschen gefüllt sind, kann Nisa mehr Geld für Urlaub, neue Möbel o. ä. zurücklegen und anfangen zu investieren.

Wenn du mit einem höheren Betrag oder dauerhaft im Dispo bist, könnte eine Umschuldung in einen Ratenkredit mit niedrigeren Zinsen und fester Laufzeit für dich sinnvoll sein. Dieses Buch kann keine Schuldnerberatung ersetzen.

Wende dich im Zweifel unbedingt an einen Experten.

Durch die Anwendung der Umschlagmethode hast du deine Ausgaben im Griff, so dass du weniger leicht in den Dispo rutschen kannst. Bau dir einen Notgroschen und einen Puffer auf dem Girokonto auf. Dann bist du vorm Dispo sicher. Nähere Informationen dazu findest du in Kapitel 6.

9.2 Spar-Challenges

Was ist mit Spar-Challenges? Soll ich welche machen und wo kommt das Geld dafür her?

Spar-Challenges sind sehr beliebt. Sie sollen dir einen Anreiz zum (mehr) sparen geben und dabei Spaß machen. Es gibt zum Beispiel die 52-Wochen-Challenge, in der du jede Woche einen vorgegebenen Betrag sparst (in der ersten Woche 1 €, in der zweiten Woche 2 € usw. bis zu 52 € in Woche 52) und nach einem Jahr 1.378 € zusammen hast. Oder die Kleingeld-Challenge, bei der du nach jedem Einkauf die Münzen des Wechselgeldes sparst. Oder die Pfand-Challenge, bei der du das Geld aus den eingelösten Pfandbons zur Seite legst. Der Fantasie sind keine Grenzen gesetzt.

Macht es Sinn von Anfang an Spar-Challenges zu nutzen?

Jein. Auch hier gilt: Es muss für dich und dein Leben passen. Zuerst musst du für dich klären, wo das Geld für die Challenges herkommen soll. Denn du hast ja bereits jeden Euro deiner Einnahmen verplant.

Ein paar Ideen:

- Eine Variante ist es, nicht planbare Zusatzeinnahmen in die Challenges zu stecken (z. B. wenn du etwas über eBay verkauft hast).

- Wenn du in einer Kategorie deiner variablen Kosten weniger ausgibst als geplant, kannst du den Restbetrag in eine Spar-Challenge stecken.

- Fordere dich heraus, nicht dein gesamtes Budget einer Kategorie (z. B. Shopping) auszugeben und spare von Anfang an einen Teilbetrag davon.

Es gibt viele schöne kostenlose Vorlagen für diese Challenges. Du musst kein Geld dafür ausgeben. Dein Ziel ist es doch zu sparen, oder?

Die Challenges müssen für dich realisierbar sein. Sie sollen dich motivieren, nicht stressen. Für Viele ist die 52-Wochen-Challenge zu anspruchsvoll. Das ist okay. Du kannst die Sparbeträge anpassen oder auf die Challenge verzichten.

Viel wichtiger als jede Challenge ist, dass dein Budget für dich funktioniert und du deine Ausgaben im Griff hast. Alles Andere ist nur Zierde, aber kein Muss.

9.3 Holpriger Start

Mein erster Monat mit der Umschlagmethode lief noch nicht so wirklich rund. Was kann ich tun?

Beispiel:

Lara ist frustriert. Statt den geplanten 200 € für Freizeit/ Hobby sind es 300 € Ausgaben geworden, Online-Shopping sei Dank. Außerdem hat sie doch öfter etwas fürs Mittagessen gekauft, anstatt es abends zu Hause vorzubereiten und auf die Arbeit mitzunehmen. Sie war nach der Arbeit einfach zu kaputt. Insgesamt hat sie 200 € mehr ausgegeben als geplant.

Was soll Lara jetzt tun?

Die Antwort: Dranbleiben. Schauen, woran es liegen könnte, Anpassungen vornehmen und weitermachen.

Um das Online-Shopping in den Griff zu bekommen, wird Lara einige Tipps aus Kapitel 7 ausprobieren. Alles, was sie bestellen möchte, kommt erst einmal auf eine Wunschliste und wird frühestens nach 7 Tagen geordert. Frust-Shoppen will sie vorbeugen, indem sie eine Freundin anruft und mit ihr plaudert, statt durch die Stores zu surfen. Klappt es mit dem telefonieren nicht, will Lara eine Runde spazieren gehen und dabei ein Hörbuch hören.

Es ist völlig normal, dass es nicht von Anfang an perfekt läuft. Du musst dich erst einfinden und rausfinden, welche Budgets realistisch sind. Dein Shopping-Verhalten ändert sich. Du zahlst mehr bar. Das alles bringt Herausforderungen mit sich.

Mach dir klar, was deine Motivation ist. Warum hast du mit der Umschlagmethode angefangen? Du willst endlich deinen Geldsorgen „Bye-Bye" sagen, oder? Du willst Geld übrig haben zum Sparen und Investieren? Wenn du weißt, was du erreichen willst und dir vorstellst, wie sich dein Leben zum Positiven verändern wird, hältst du auch leichter durch.

Stell dir vor, in der nächsten Nacht passiert, während du schläfst, ein Wunder. All deine Geldprobleme sind dank konsequentem Budgetieren mit der Umschlagmethode verschwunden. Nun weckst du morgens auf und stellst fest, dass irgendwas anders ist. Woran würdest du erkennen, dass du deine Finanzen im Griff hast? Wie würde sich dein Verhalten und das deiner Mitmenschen ändern? Was ändert sich an deinem Tagesablauf?

Visualisiere deine Ziele am besten jeden Tag. Dafür genügen schon wenige Minuten. Und wenn es zwischendurch auf deinem Weg mal nicht so läuft, denk dran: Das Wichtigste ist, dass du nicht aufgibst. Du schaffst das. Es lohnt sich.

9.4 Hilfe, meine Einnahmen sinken.

Was tun, wenn meine Einkünfte vorübergehend deutlich niedriger sind, meine Ausgaben aber gleichbleiben?

Dann ist es Zeit, sich auf das (Lebens-) Notwendige zu konzentrieren. Du stellst dir ein Notfall-Budget auf. Dieses Budget enthält nur die Ausgaben, die unbedingt erforderlich sind. Denn es ist für die Zeiten gedacht, in denen es finanziell eng wird.

In dieser Situation kannst du dich wiederfinden, wenn du bspw. Elterngeld, Krankengeld, Arbeitslosengeld oder Grundsicherung erhältst.

Wie erstellst du dein Notfall-Budget?

Nimm dir deine aktuelle Budgetplanung zur Hand.

Schritt 1: Beginne mit den Fixkosten und Sinking Funds 1. Streiche alles, was du kurzfristig kündigen kannst und was nicht lebensnotwendig ist.

Beispiel:

Lisa kündigt ihre Mitgliedschaft im Fitnessstudio. Von den Streaming-Abos behält sie nur das, welches sie am Meisten nutzt. Beim Smartphone wechselt sie den Tarif und bucht das günstigste Paket.

Lisa nimmt sich vor, schneller zu duschen, um (Warm-) Wasser zu sparen. Die Wäsche wird künftig im Wäscheraum hängend getrocknet anstatt im Wäschetrockner, um Strom zu sparen.

Schritt 2: Jetzt stehen die variablen Kosten auf dem Prüfstand. Hier musst du mit Bedacht vorgehen. Für Lebensmittel und andere lebensnotwendige Dinge muss Geld zur Verfügung stehen.

Beispiel:

Lisa wird auf Essen bestellen und Restaurantbesuche komplett verzichten. Freizeit & Hobby reduziert sie auf 50 € im Monat. Beauty wird gestrichen (eine Freundin wird ihr die Haare umsonst schneiden). Sie nimmt ab sofort, wann immer es möglich ist, das Fahrrad, den Bus oder geht zu Fuß, anstatt mit dem Auto zu fahren.

Schritt 3: Pass deine Sinking Funds 2 an. Der Notgroschen wird weiter angespart, alles Übrige so weit wie möglich gekürzt oder gestrichen.

Beispiel:

Lisa setzt ihren Dauerauftrag für Urlaub aus.

Wichtig ist: Das ist nur vorübergehend! Du sollst nicht für immer und ewig auf Urlaub und Luxus verzichten. Aber dein Notfall-Budget gibt dir die Luft zum Atmen, um dich darum kümmern zu können, deine Einnahmen wieder zu steigern. Oder einfach um diese Phase in deinem Leben durchzustehen.

Not macht erfinderisch. Deine Lösungen mögen dem Einen oder Anderen seltsam vorkommen. Das macht nichts. Das Wichtigste ist, dass sie für dich funktionieren und dich vor Schulden bewahren. Sei stolz darauf.

9.5 Wie viel muss ich sparen?

Ich kann nur sehr wenig sparen (5 %). Was soll ich tun?

Wenn dein Notgroschen steht und nach Berücksichtigung der Sinking Funds 2, die für dich wichtig sind (Urlaub, Auto usw.) 'nur' 5 % zum Sparen und Investieren übrig bleiben, ist das erst mal völlig in Ordnung. Du musst gar nichts tun. Wenn dein Budget für dich und dein Leben passt, hast du finanzielle Stabilität und bist viel weiter als die meisten Menschen.

Wenn du noch in der Aufbauphase deines Notgroschens bist, empfehle ich dir, alle zusätzlichen Einnahmen in den Notgroschen zu stecken (bspw. Geldgeschenke, Einkommensteuererstattungen, Verkäufe über eBay).

Wenn dich die niedrige Sparquote stört, hast du zwei Angriffsmöglichkeiten:

1. Erhöhe dein Einkommen. Hier empfehle ich dir noch einmal das Buch "Feierabendboss" von Christian Schmid und Rubén Alvarez Barrera - eine wahre Fundgrube von Ideen. Weitere Tipps habe ich in Kapitel 5.2 gegeben.

2. Senke deine Ausgaben. Spartipps findest du in den Kapiteln 7 und 8.

9.6 Soll ich Wochen- und Monatsabschlüsse machen?

Die Umschlagmethode funktioniert auch ohne Wochen- und Monatsabschlüsse. Du siehst fortlaufend, ob noch Geld in den Umschlägen vorhanden ist und wenn ja, wie viel.

Zur Visualisierung deiner Fortschritte sind Monatsabschlüsse aber sehr nützlich. Du kannst

- einen Soll-Ist-Vergleich deiner variablen Kosten machen,
- deine tatsächlichen Gesamtkosten ermitteln und
- das Budget für den nächsten Monat anhand dieser Zahlen planen.

Wenn du merkst, dass du in manchen Budgetkategorien immer noch nicht genügend Überblick über deine Ausgaben hast, versuch es mit Wochenabschlüssen.

Gerade bei großen Kategorien wie Lebensmittel oder Shopping hilft es, wenn du dir einmal pro Woche anschaust, wie viel du ausgegeben hast und wofür. Dann kannst du dir überlegen, wie du dir das Restbudget einteilst. Wenn nötig, kannst du einen Aktionsplan schmieden und durch No Spend-Tage das Ruder rumreißen.

Auch für Wochen- und Monatsabschlüsse gibt es kostenlose Vorlagen, die du über eine Google-Suche leicht findest.

Kapitel 10 Wie geht es nun für dich weiter?

Das Tolle an der Umschlagmethode ist, dass du sie flexibel an dein Leben anpassen kannst. Deine Ausgaben sind so individuell wie du und so gleicht kein Budget dem Anderen. Je länger du mit der Umschlagmethode arbeitest, desto mehr wird dein Budget über dich erzählen

Deswegen ist mein letzter Tipp für dich: Hör nie auf, die Umschlagmethode an dich und deine Träume und Ziele anzupassen. Denn sie wird dir nicht nur helfen, deine Geldsorgen endlich loszuwerden. Sie hat das Potenzial, dich aktiv dabei zu unterstützen, das Leben zu leben, das am besten zu dir passt.

Meine Reise mit der Umschlagmethode begann als Studentin mit 400 € monatlichem Einkommen. Ich habe es geschafft, mir einen Notgroschen aufzubauen und mit einem Gefühl der Sicherheit ins Berufsleben zu starten. Mit Mitte 20 ereilte mich die Quarterlife-Crisis und ich habe den Beruf gewechselt. Dafür war ein zusätzliches zweijähriges Aufbaustudium nötig, das ich mir selbst mit Nebenjobs finanziert habe. Meine Umschläge mit Bargeld waren mein treuer Begleiter.

Als ich mit meinem Mann eine Familie gegründet und unsere zwei Kinder bekommen habe, stand für uns Beide fest, dass wir Zeit haben wollen, um sie aufwachsen zu sehen. Nicht nur im ersten Jahr ihres Lebens sondern auch in der Zeit danach. Wir wollten beide unsere Arbeitszeit reduzieren. Es war somit klar, dass unser Einkommen deutlich sinken würde. Um trotzdem mit dem uns zur Verfügung stehenden Geld auszukommen, musste ein Familienbudget her.

Bislang hatte ich nur für mich budgetiert. Also habe ich mich hingesetzt und noch einmal neu angefangen. Genau wie du habe ich zuerst die Kontoauszüge der letzten 12 Monate gesichtet, um alle Fixkosten und alle Geldabgänge, für die Sinking Funds 1 nötig sind, aufzuspüren.

Danach lautete die Mission, herauszufinden, wie hoch unsere variablen Kosten als Paar mit erst einem und dann zwei kleinen Kindern sind. Ich habe Kassenzettel und Notizen durchforstet. Farbig markiert, gegliedert, neu sortiert.

Als ich herausgefunden hatte, wie viel wir als Familie tatsächlich ausgeben, habe ich mich gefragt, wie diese Zahlen einzuordnen sind. Wie hoch die Ausgaben sein sollten.

Ich habe ein Ziel für unser Lebensmittel-Budget festgelegt und dann mit den Techniken aus Kapitel 7 das Ganze umgesetzt. Außerdem habe ich darüber nachgedacht, worauf wir uns finanziell mit den Kindern vorbereiten müssen (Stichwort: Sinking Funds 2) und dafür monatliche Sparraten berechnet.

Unser Budget hilft uns dabei, unsere Ziele zu verwirklichen. Die Umschlagmethode sorgt dafür, dass unser Geld für uns und das Leben, das wir führen möchten, arbeitet.

Erfolg mit der Umschlagmethode hängt nicht von der Höhe deines Einkommens ab - davon bin ich überzeugt. Egal, wo du momentan finanziell stehst, du kannst deine Situation mit der Umschlagmethode verbessern. Ein Budget, das wirklich funktioniert, ist der Schlüssel dazu.

Wenn du mit Hilfe der Umschlagmethode finanzielle Stabilität für dich geschaffen hast, kann dein Budget noch so viel mehr für dich tun. Es wird dir helfen, deine Träume zu verwirklichen. Ich wünsche dir viel Erfolg dabei.

In eigener Sache:

Wenn dir dieses Buch gefallen hat, würde ich mich sehr freuen, wenn du meine Arbeit durch eine kurze Rezension auf amazon.de unterstützt. Vielen Dank. Ich lese jede Rezension und freue mich über Feedback, Anregungen und Wünsche, gern via Email an

kindle-janine@web.de.

Auf meinem Instagram-Profil blogge ich zu den Themen Budgetieren & Sparen, Investieren mit ETFs und stelle Bücher rund ums Thema Geld vor. Folge mir gern unter
@janine_spart_liest_investiert
für mehr Tipps und Tricks.

Zusammenfassung: Schnellstart mit der Umschlagmethode

Nie wieder Geldsorgen in 10 Schritten:

1. Verfolge für einen Monat genau, wofür du dein Geld ausgibst. Sammle dafür die Kassenzettel oder arbeite mit einer App.

→ Kapitel 1.3

Unterteile diese Ausgaben in sinnvolle Kategorien.

→ Kapitel 4.1

2. Such dir deine Kontoauszüge für die letzten 12 Monate raus.

→ Kapitel 1.3

3. Ermittle die Höhe deiner planbaren Einnahmen.

→ Kapitel 2.1

4. Finde alle deine fixen monatlichen Ausgaben.

→ Kapitel 1.3 und 3.1

5. Finde alle Ausgaben, die mindestens einmal im Jahr, aber nicht jeden Monat anfallen. Berechne dafür eine monatliche Sparsumme.

→ Kapitel 1.3 und 3.2

6. Lege ein realistisches Budget für den nächsten Monat fest.

→ Kapitel 4.2

7. Ermittle, wie viel Geld du für Sparziele übrig hast.

→ Kapitel 5.1

8. Wenn nicht genug übrig bleibt, finde die Ursache heraus.

→ Kapitel 5.2

Finde dann eine Lösung dafür.

→ Kapitel 5.2 und Kapitel 7 & 8

9. Leg deine Sparziele fest und priorisiere sie.

→ Kapitel 6 und Kapitel 9.1

10. Sammle Feedback aus deinem ersten Monat mit der Umschlagmethode und verbessere dein Vorgehen im nächsten Monat. Pass die Methode so an, dass sie perfekt zu deinem Leben passt.

→ Kapitel 4.4, Kapitel 9.3 und Kapitel 10.

ABC der variablen Budgetkategorien

Auto

Must-Have für Kosten wie tanken, parken, Autowäsche, Zubehör.
Reparaturen → Sinking Fund 2
Sparen für Kauf → Sinking Fund 2
Versicherung, Steuer, TÜV → Sinking Fund 1

Baby

Windeln, Wickelunterlagen, Feuchttücher usw.
Fläschchen & Gläschen → auch Kategorie „Lebensmittel" möglich
Kleidung → auch für alle Familienmitglieder in Kategorie „Kleidung" denkbar
oder: alle Ausgaben in Kategorie „Kinder" erfassen

Beauty

Friseur, Nägel, Parfum, Make Up, Pflegeprodukte, kosmetische Behandlungen usw.

Könnte auch in „Drogerie" und „Luxus" einsortiert werden.

Deko

Eigene Kategorie nur sinnvoll bei hohen Ausgaben.

Elektro

alles unter 50 € (bspw. Kabel, Adapter usw., Betrag frei wählbar)
alles über 50 € → Sinking Fund 2

Freizeit/ Hobby

Ausflüge, Sport, Bücher, Musik, PC Games usw.

Geschenke

Auch als Sinking Fund 2 denkbar.

Gesundheit

Medikamente, Supplements (Vitamine & Co.), Vorsorgeuntersuchungen, Zahnreinigung usw.

Haushalt

Drogerieartikel, Schreibbedarf, Elektrobedarf, Blumen/ Pflanzen usw.

Haustiere

Futter, Unterkunft, Zubehör u. ä.
Tierarztkosten → Sinking Fund 2

Kauf → Sinking Fund 2

Kinder

Kleidung, Schuhe, Spielzeug, Bücher, Taschengeld, Schulbedarf, Hobby
Betreuung (Kita, Hort) -→ Fixkosten
Betreuung (Babysitter, Ferien u. ä.) → variable Kosten oder Sinking Fund 2
Schulbedarf → evtl. Sinking Fund 2

Lebensmittel

Essen zu Hause, Essen bestellen, Essen außer Haus, Vorratskäufe, Betriebskantine

Luxus

Was Luxus ist, liegt im Auge des Betrachters. Hier könnten bspw. Massagen, kosmetische Behandlungen und Kleidungsstücke/ Handtaschen/ Schuhe, die nicht zwingend notwendig sind, erfasst werden.

Möbel

alles unter 50 € → variable Kosten (Könnte auch unter "Sonstiges" erfasst werden.)

alles über 50 € → Sinking Fund 2

Pflanzen/ Blumen

Je nach Umfang muss das keine separate Kategorie sein. Sinnvoll bei höheren Kosten durch eigenen Garten oder bei hohen Ausgaben für frische Blumen.

Shopping

Würde ich persönlich in anderen Kategorien erfassen (Kleidung, Schuhe,...) oder unter „Luxus", wenn es sich um reine Lustkäufe handelt.

Sonstiges

Auffangkategorie für kleinere Ausgaben, die bei dir nur selten anfallen (z. B. Briefmarken, Schreibmaterial).

Transport

Einzel-, Wochen-, Monatskarten für Öffentlichen Nahverkehr (Bus, Bahn, Tram,...), Fahrradzubehör u. ä.
Jahreskarten → Sinking Fund 1
neues Fahrrad, Fahrradanhänger & Co. → Sinking Fund 2

Ungeplant

Könnte unter "Sonstiges" erfasst werden.

Vorräte

Für größere Vorratskäufe. Könntest du auch nach Typ erfassen statt separat (z. B. bei "Lebensmittel").

Fallstudie: Jules Budget

Jules Einnahmen:

2.000 € pro Monat

Jules Fixkosten:

01. Miete 600 €
01. Strom 40 €
03. Spenden 20 €
15. Handyvertrag 20 €
30. Festnetz + Internet 40 €
Summe Fixkosten: 720 € pro Monat

Jules Sinking Funds 1:

Hinweis: Jule hat bislang kein Auto.

Es wird abgebucht:

01.04. Haftpflichtversicherung 100 €
01.03./ 01.09. Sportverein je 30 €
01.10. Berufsunfähigkeitsversicherung 480 €
15.01./ 15.04./ 15.07./ 15.10. Rundfunkbeitrag je 55 €

Jule beginnt am 1. Juni 2022 mit dem Budgetieren. Die Sparraten für ihre Sinking Funds 1 betragen:

Haftpflicht 100 € : 10 Monate = 10 € pro Monat

Sportverein 30 € : 3 Monate = 10 € pro Monat

Berufsunfähigkeit 480 € : 8 Monate = 60 € pro Monat

Rundfunkbeitrag 55 € : 2 Monate = 28 € (gerundet) pro Monat

Sparbeträge für die Sinking Funds 1 pro Monat: 108 €

Jules variable Kosten:

Jule hat ihre Ausgaben des letzten Monats gruppiert und zusammenrechnet. Das ist das Ergebnis:

Essen 350 €
Haustier 50 €
Shoppen 250 €
Drogerie 50 €
Gesundheit 20 €
Beauty 30 €
Freizeit/ Hobby 70 €
Sonstiges 40 €
Summe 860 €

Essen besteht aus

Betriebskantine 80 €
Essen außer Haus/ Essen bestellen 150 €
Lebensmitteleinkäufe 120 €.

Shoppen kann unterteilt werden in

Kleidung & Schuhe 150 €
Onlinebestellungen 100 € (Deko, Bücher uvm.).

Beauty, Gesundheit & Drogerie fasst sie zusammen.

Jule verwendet fürs Budgetieren diese neun Kategorien:

Lebensmitteleinkäufe
Betriebskantine
Essen bestellen/ gehen
Haustier
Kleidung & Schuhe
Onlineshopping
Beauty, Health & Drogerie
Freizeit/ Hobby
Sonstiges.

Jule legt ihr Budget für Essen für den nächsten Monat auf 300 € fest, unterteilt in

Betriebskantine 60 €
Essen außer Haus/ Essen bestellen 80 €
Lebensmittel 160 €.

Für den nächsten Monat peilt sie für die Kategorie Shopping 190 € an (120 € für Kleidung & Schuhe, 70 € für Onlinebestellungen).

Bei den übrigen Kategorien legt sie die Ausgaben des letzten Monats zu Grunde.

Summe variable Kosten: 750 €

Jules Sinking Funds 2:

Einnahmen	2.000 €
- Fixkosten	720 €
- Sinking Funds 1	108 €
- variable Kosten	750 €
= Sinking Funds 2	422 € (21,1 %)

Jule hat 420 € für die Sinking Funds 2 zur Verfügung (gerundet).

Sie hat bislang einen Notgroschen von 0 € und keinen Konto-Puffer. Ziel sind 10.000 € Notgroschen und ein Puffer auf dem Girokonto in Höhe von 1.000 €.

Weitere Sparziele:

- Urlaub (bislang ca. 1.800 € Kosten pro Jahr)
- Tierarzt (Ziel: 400 €)
- ein (gebrauchtes) Auto (in 5 Jahren oder später)

Jule füllt die Spartöpfe wie folgt:

Puffer 200 € pro Monat
Notgroschen 120 € pro Monat
Tierarztkosten 50 € pro Monat
Urlaub 50 € pro Monat.

Nach 5 Monaten hat Jule den Puffer zusammen und spart ab diesem Zeitpunkt 220 € pro Monat für den Notgroschen und 150 € für Urlaub. Nach 8 Monaten steht die Rücklage für die Tierarztkosten. Dann beginnt sie damit 50 € pro Monat per Dauerauftrag auf ein Sparkonto für das Auto einzuzahlen. Wenn der Notgroschen zusammengespart ist, kann sie mehr für das Auto zurücklegen.

Jules erster Monatsabschluss:

Einnahmen	2.050 €*
- Fixkosten	720 €
- Sinking Funds 1	108 €
- variable Kosten	770 €**
- Sinking Funds 2	452 €***
=	0 €****

* Jules Einnahmen betrugen tatsächlich 50 € mehr als geplant.

** Jule hat bei den variablen Kosten 20 € mehr ausgegeben als geplant.

*** Sie hat 50 € mehr eingenommen und 20 € mehr ausgegeben als geplant. Den positiven

Saldo von 30 € steckt sie in die Sinking Funds 2 (in den Notgroschen).

**** Das Endergebnis muss immer Null sein (Zero-Based-Budgeting), da jeder Euro der Einnahmen für etwas verwendet wird.

Buchtipps

Zum Abschluss noch meine Empfehlungen für dich zu den besten Büchern rund ums Thema Geld.

Für ein gutes Verhältnis zu Geld:

- George S. Clason "Der reichste Mann von Babylon"

- Bill Perkins "Lebe ein reiches Leben statt reich zu sterben", FBV

Für mehr Einnahmen:

- Christian Schmid und Rubén Alvarez Barrera "Feierabendboss", Redline Verlag

Fürs Sparen und Budgetieren:

- Joe Dominguez & Vicki Robin "Mehr Geld für mehr Leben", Redline Verlag

- Kumiko Love "My money my way", Penguin (nur auf Englisch verfügbar)

Fürs Investieren:

- Gerd Kommer "Souverän investieren für Einsteiger", Campus Verlag

- Gerd Kommer "Der leichte Einstieg in die Welt der ETFs", FBV

Zum Thema Versicherungen:

- Bastian Kunkel "Total ver(un)sichert", FBV

Zum Thema Eigenheim:

- Gerd Kommer "Kaufen oder mieten", Campus Verlag

- Gerd Kommer "Immobilienkauf und -finanzierung für Selbstnutzer", Campus Verlag

Rundumschlag:

- Nikolaus Braun "Über Geld nachdenken", Campus Verlag

- Markus Elsässer "Dieses Buch ist bares Geld wert", FBV

Für mehr Optimismus:

- Hans Rosling "Factfulness: Wie wir lernen, die Welt so zu sehen, wie sie wirklich ist", Ullstein Verlag

Spartipps zur Anschaffung dieser sehr lesenswerten Bücher:

- Prüfe, ob die nächstgelegene Bibliothek ein Exemplar zum Ausleihen hat.

- Kaufe das eBook statt der Druckausgabe.

- Kaufe das Buch gebraucht (z. B. über Medimops oder Amazon).

- Wenn es sich um eine Übersetzung aus dem Englischen handelt, schau ob die Originalausgabe günstiger ist.

Printed in Poland
by Amazon Fulfillment
Poland Sp. z o.o., Wrocław

19975349R00081